TIME WARP

未来からの訪問者

なぜ未来人はメッセージを伝えに来るのか

天日矛
AMENOHIHOKO

Visitor from the future.

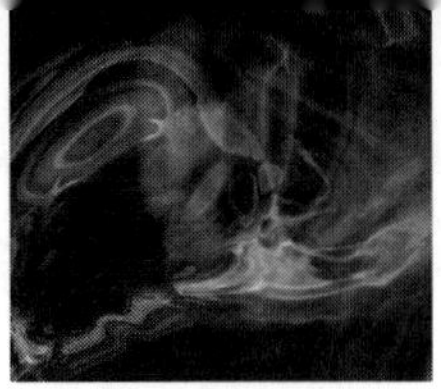

はじめに

私が「未来人」というパワーワードを掘り下げるようになったのは、ネットの掲示板に登場したある人物がきっかけだった。「2ちゃんねる（現5ちゃんねる）」に書き込みを入れてきたその人物は、２０６２年の未来からタイムマシンに乗ってやってきたという。

「未来人」というネタ自体は、新しいものではない。むしろＳＦの題材としては陳腐ですらある。それでも「元祖・自称ネット未来人」ともいうべき「ジョン・タイター」なる人物の出現以来、掲示板には未来から来たと自称する人物がまさに雨後の筍のように登場し、それぞれに「掲示板の住民たち」を賑わわせた。それだけ「未来人」には、エンターテインメントとして人々を引きつける普遍的な魅力があるのだろう。

しかし、「２０６２年未来人」はそういった有象無象の「筍」とは一線を画していた。

私が彼の存在に注目するようになったのは、彼が掲示板に初めて現れたとき（２０１０年）からすでに10年近く経ってからだった。

彼が発した「予言」のいくつかは、すでに「答え合わせ」ができる状態だったのだが、彼が言っ

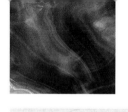

ていた近未来には恐ろしいくらいに当たっているものがいくつかあった。

もちろん、そこはネットの世界。2ちゃんねるで言うところのいわゆる「巨大な釣り針」なのかもしれない。しかし、「2062年未来人」の書き込みを深いところまで精査していくと、どうしてもネタで終わらせることができないものがある。

「当たった予言」を確認しながら私はこう思うようになっていった。

真偽を確かめる術《すべ》がない以上、これはあくまでもエンタメである。しかし、未来にタイムマシンが発明できないと本当に言い切れるか。タイムマシンに乗って未来からやってくる人物は絶対にいないと本当に言い切れるか……。

タイムマシンが発明されれば、現代科学を根底から覆すのは間違いない。もしそれができれば、科学のみならず、私たちが当たり前だと思っている「時間は、過去・現在・未来と直線的に流れている」という世界観を打ち崩す。

かつて天動説から地動説へのコペルニクス的転回は、その後の天文学・科学に多大な影響を及ぼし、それまでの「空間の概念」をひっくり返した。広大な銀河宇宙において、地球という天体はもはや主役の座にいない――そう世界観を再構築させた。中世ヨーロッパのキリスト教的な世界観からの脱却をも意味した。

同じように、今は「時間は、過去・現在・未来と直線的に流れている」という常識を誰も

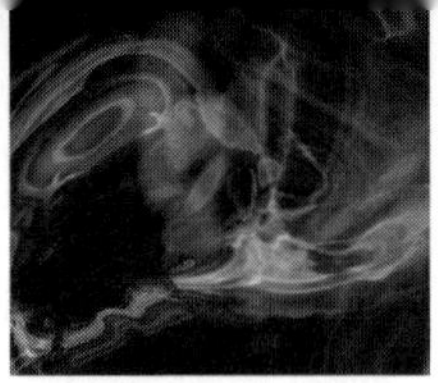

疑うことはないが、その当たり前の「時間の概念」をひっくり返す大発見や大発明があれば、科学や文化に大きな影響を与え、人々の世界観が大きくゆらぐことは想像に難くない。「覆水盆に返らず」――過去に起きてしまったことは変えようがない。これが人生の教訓だったはずが、タイムマシンで過去に行ければ、水がこぼれるのを未然に防ぎ、結果として覆水を盆に返せてしまう。時間に対する「常識」という呪縛から解き放たれたその先に待っている世界観とは、一体どのようなものなのだろうか。

本書のテーマは、「時間は矢のように過去から現在、未来へと直線的に流れていて戻ることはない」という従来の常識を疑うことにある。そのために仮説を立て、実体験談の数々を検証し、考察を加える。

激動の時代は、常識にとらわれないことが重要だ。科学技術は、常識を覆すことで急発達してきた。「常識」のウソに気づくことがいかに大事であるかということは、誰もが認めるところであろう。

「常識」のウソは、プロパガンダや報道統制といった伝統的な手法だけでなく、フェイクニュース、生成ＡＩが作るニセ動画など、新しい技術を駆使して作られるようにもなってきた。賢明な人は今、ありとあらゆる「常識」にほころびが出ていることに気づいている。

はじめに

「時間の常識」をも疑ってしかるべきだと私は考える。

現実として、「時間の常識」がゆらいでいるのではないかと感じることも多い。身近なところでは、昨今のアニメや映画の設定で、主人公が時代や空間を越えて生まれ変わる、いわゆる「転生もの」「タイムトラベルもの」のトレンドが続く。これは大衆レベル・社会集団意識レベルで、時間に対する固定観念がゆらいでいる現れだと感じるのだ。

本書の第一章から第三章では、それぞれ「予言」、「ネットに現れた未来人」、「タイムマシン」に焦点を当てて、さまざまな角度から「時間の常識」という既成概念への疑問を考察する。第四章と第五章では実体験を紹介する。第四章は、ネットの掲示板上でリアルタイムに展開したある男性の実体験ストーリー『ヤコブの梯子』を収録。複数の未来人と接触しただけでなく、タイムワープも経験した人の話だ。今回は私のYouTube（天日矛 Ameno Hihoko）で多くの人に見てもらった動画を文章として再構成し、主人公の「梯子」氏に私が取材した「後日談（動画未収録）」も加えた。第五章は、ある女性が自分自身の未来世（来世の生まれ変わり）と交信した大量の記録を克明につづった『来世の未来人プレシイ』を収録。未来人が伝えたメッセージには、やがて世の中の潮流が新しい世界観・価値観へと流れていくとき、大いに参考になるものだ。

最終章の考察まで読むことで、あなたの時間についての考え方にもきっと変化が生まれるだろう。その変化が、あなたの人生をより豊かにすると私は確信している。

CONTENTS

第三章　タイムマシンとパラレルワールドの概念

最終章

「新時代へのパラダイムシフト（価値観の転換）」

Visitor from the future.

第一章

予言とは何なのか

What is prophecy?

ノストラダムスの大予言

時間の概念や未来人について紐解いていく上で、予言とは一体何なのかという考察は避けて通れない。予言とは「未来に起こるであろう情報を知らしめてくれるもの」であるとするならば、「時間は過去・現在・未来と直線的に流れている」という「常識」とは逸脱していることになる。なぜなら常識的には、これから起きる未来を何の根拠もないところから知り得ないからである。まさしく予言とは時間に対する常識的な考えからすればイレギュラーである。予言が疑似科学、まやかしの域を出ないのはここにある。

しかし常識外れであることと、真理の探求は別問題である。なぜならそのときどきの「常識」の方こそが、囚われた見方であったということは、人類の歴史がくり返し示す通りだからである。私たちが「常識」だと信じて疑わない観念をひっくり返してこそ、真理・真実が見えてくることもある。

そういう意味では、「予言とは何か」を考察することは、時間とは何かを考察する上で大きなヒントにつながってくるのかもしれない。

もちろんここで言う予言とは、現在の情報を基に分析した結果の「未来予想・未来予測」とは異なる。例えば、「これから数十年先の急激な人口増加からすれば、これだけの食糧不足が予想される」としよう。これはあくまでも予測であって予言とは言わない。概して予言とは、現状の予測からは思いもよらないところから来ているものである。

例えば、有名なノストラダムスの予言がそうである。『ノストラダムスの大予言』（五島勉氏著書）により、１９９９年人類滅亡説は、日本中で一大ブームを巻き起こした。かつてこれほど人々の注目を集めた予言はなかったであろう。

16世紀のフランス人医師であったノストラダムスにとって、４００～５００年後の未来のことなど何の手がかりもないはずである（ただし、例のアンゴルモアの大王の詩が未来のことを暗示しているという説を前提にした話ではある）。

ではノストラダムスは何を根拠に予言を成し得たのだろうか。それは彼が占星術師であったこととの関係が大きい。おそらく星詠みの技術を使って未来をたぐり寄せたのだと思われる。とは言え単に天体の運行を調べただけで未来に起きることを知りうることにはならないであろう。彼は星の運行にプラスして、未来予知のインスピレーションを受け取っていたのだろう。このことから言えることは、予言とは「私たちの人智を超えたところの何か」から得られる情報であるということである。

それはスピリチュアル的には、アカシックレコードという言い方もできよう。それは宇宙の叡智であり、時間の縛りすら超越した何物かである。ノストラダムスは占星術を駆使しながら、アカシックレコードにアクセスできたのであろう。

アガスティアの葉

アガスティアの葉をご存じの方も多いだろう。5000年前の南インドにいた聖者アガスティアの言葉が記されているとされる葉のことであるが、これもアカシックレコードから情報を得たのだと考えられる。

一頃、青山圭秀氏の著書により、日本でもアガスティアの葉ブームがあった。アガスティアの葉を開くと、開いた人がどんな一生を歩むのかが記されており、これからの未来も記されているという。当時は現地の南インドまで行くのが主流だったが、コロナの影響でZoom配信が一般的になり、今では日本にいながらしてリモートでアガスティアの葉の鑑定を受けられるようになっている。

アガスティアの葉は、ヤシの葉（パームリーフ）が短冊状になったものであり、古代タミル語で文字が刻まれている。この数千年前に記されたとされる膨大な量のパームリーフが、南インドのタミル州にある寺院内の図書館に保管されている。その中から、鑑定を受けに来た人の葉は、ナディ・リーダーと言われる特別な修行をした人の力を借りて、自身の葉を特定していく。

　葉を開きに来た人がどうやって自分のことが書かれている葉に辿り着くかは、こうである。まずは、親指の指紋の採取から始まる（男性は右手の親指、女性は左手の親指）。この指紋の形状から108個に分類されている内のどのパターンなのかが決まる。

　次に束状になった候補の葉からさらに絞り込んでいく。このとき、両親の名前などが言い当てられ、最終的に1枚を特定していく。

　かくいう私も自分のアガスティアの葉を開いてもらって、自身のこれからの未来を見てもらった。個人的な感想を申し上げると、アガスティアの葉を通して自分の未来を知ったことは非常に意義深い経験であったと思っている。

　アガスティアの葉は、インド占星術が基本になっているのがわかる。天体の星回りや位置関係で、今までの人生がどうであったかを示すと同時に、その人が死ぬまでの未来を数年単位で、どういう人生を歩むかを教えてくれる。

　さて、考察に入っていこう。

　アガスティアの葉が興味深いのは、葉を開いたその日までの過去とその日からの未来が語られるということである。つまり数千年前の聖者アガスティアは、誰がいつ葉を開けに来るかを見通していたということになる。もちろんアガスティアの葉は無尽蔵にあるというわけではない。開けに来る人の数だけ用意されているのであろう。聖者アガスティアからすれば、開けに来る人が数千年先の未来の人間であったとしても、どのタイミングで来るのかがわかっていることになる。

天文学を駆使すれば、どんな先の未来であっても何年何月何日に天体の配置がどうなっているかを知ることは可能であろう。それを基に占星術により、その人の運勢がどういう状態であるかを知ることはわからないでもない。

しかし、誰がいつ葉を開けに来るかまでをも知ることは、もはや理解の範囲を超えている。しかもその人を特定するために、両親の名前という個人情報まで言い当てている。

それは予言というよりも、アカシックレコードのような過去・現在・未来という時間軸を超越した領域から情報を得たとする方が、むしろ納得がいく。もはやその領域には、過去も現在も未来も全てが存在しているのであろう。

少なくとも言えることは、過去・現在・未来という時間の縛りがない何かが存在するということである。

「時間の縛りがない何か」……その本質を知ることは、時間とは何かを知ることにつながってくる。

インドの天才占星術少年アビギャ・アナンド君

聖者アガスティアとノストラダムスに共通するのは、占星術を通してアカシックレコードにアクセスしているという点である。おそらくアカシックレコードは「宇宙の根源たる領域」にあるのだろう。そこにアクセスする一つの方法として、占星術すなわち天体の運行は、重要なカギとなっている。

そもそも私たち人類が時間の概念を手に入れたのは、太陽や月などの天体の運行による。地球が一回自転するのが一日、太陽の周りを一回公転するのが一年というように、時間は天体の運行を基に定められた。24時間という体内時計は、地球の自転に由来する。地上の生命体のほとんどが、地球の公転自転のリズムに合わせて生きている。

さらに天体の範囲を広げてみよう。

単純な時間の測量だけだと太陽や月の動きだけでこと足りるが、占星術の場合、水星、金星、火星、木星、土星といった太陽系の惑星との配列が重視される。どの星がどういう配列になったとき、どういう状況になるかという経験則が知識として蓄積され、占星術となっていったのだろう（インドでは占星術は、占星術学という学問として確立している）。

スピリチュアル界隈で「今は風の時代に入った」と言われるのは、占星術から見た天体の配列から特定している。地球の公転周期が春夏秋冬の季節を生み出しているように、「こういう星の配列のときにこういう影響が出てくる」というのは、あながちあり得ない話ではない。

新型コロナウイルスの出現を予言して、一躍有名になったインドの少年アビギャ・アナンド君も占星術（インド占星術）が出所である。インドはＩＴが発達していて、占星術学に必要な天体の運行のデータが、コンピュータを通して閲覧できるとのこと。

これら天体の運行に関する客観的データは誰もが入手できる。しかし、誰もが情報を基に未来を見通せるわけではない。だとすれば、アナンド君が未来の出来事を予言できたというのは、データをどう解釈したかという解釈の問題ということになる。未来を予言するには、膨大な情報の中から必要な情報をくみ上げる分析力と、それが何を意味しているのかを知る直感力の双方が、非常に高いレベルで求められると予想される。アナンド君がそれをなし得ているのは間違いがない。その結果として、未来の情報が納められているアカシックレコードにアクセスできたものと思われる。

アカシックレコードとは何か

では、過去・現在・未来にわたる宇宙規模の情報が収められているアカシックレコードとは一体何なのだろうか。

ここから先は私の個人的な見解になってしまうことをお許し願いたい。

聖者アガスティアやノストラダムスが占星術を通してアカシックレコードに到達したように、カギとなるのは占星術の基となる天体の運行であると思われる。地球から見た太陽系の星々の運行を、黄道上にある12星座の配置から読み解くのが占星術である。

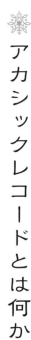

太陽系内の天体は、ある規則性で刻々と動いている。さらには、太陽系全体でさえも、銀河系をおよそ2億5000万年かけて周回している。もっと言えば、銀河系も他の星団とともに動いている。これがブラックホール内のようにあらゆる物質が圧縮され、やがて動きが止まってしまうと時間さえも止まってしまう。つまり動きの中でこそ時間が生ずるのである。

そう考えていくとアカシックレコードとは、「万物のあらゆる動き」を把握している情報源ということになる。これまでに辿ってきた動きが過去、これから辿るであろう動きが未来。そして起点となる瞬間が現在ということになる。その宇宙全体の動き全体を包括して見渡せるのがアカシックレコードである。だとしたら、アカシックレコードは宇宙の外と通じているのかもしれない。

アカシックレコードにアクセスする行為は、それこそ「神秘的な何か」が加わらなければ成し得ないであろう。常人には不可解な世界である。しかしそこに至るプロセスには、時間を絶対的な指標として捉えるのではなく、「時間は動きの中にこそ生じる」という感覚が加わることは間違いなさそうである。

預言の本質

アカシックレコードが情報源であろうと思われるものに「預言」があげられる。ノストラダムスの予言のように個人が発信しているものを「予言」と言うのに対して、「預言」は、神の啓示・神託を預かったものである。

新約聖書のヨハネの黙示録がまさしく預言である。

ヨハネの黙示録は、本来宗教的な教義であり、部外者の身として題材として扱うのは多少はばかられる部分もある。しかし2000年近く前に書かれたものでありながら、今も広く世界中の人に読まれているのは非常に興味をそそる。

内容としてはこの世の終わりに最後の審判がくだされるという終末論的な内容なのだが、この解釈には諸説ある。本著では、あまたある解釈の中に一つを付け加えることはしない。

そうではなく、預言というものの本質についてアプローチしてみたい。

結論から申し上げると、預言は予言とは異なり、普遍的な真理に基づいているのではないかということである。もちろん一つの仮説に過ぎないが、預言と予言には興味深い違いがあると言えよう。

詳細を見ていこう。ヨハネの黙示録は終末論をあらわしているとされるが、果たしていつこの世の終末がやってくるのだろうか。キリスト教だけでなく、ユダヤ教、イスラム教、仏教など多くの宗教で、終末論・末法思想がある。それらに共通していることは、古い時代のしがらみが清算され、輝ける新しい世の中がやってくるというものである（もちろん多くの場合、各宗教の教義に従った者だけが恩恵を受けるという条件付きだが）。

世の中が乱れて社会不安が強い時代にこそ、一度リセットしたいという心理が働き、終末論に興味を持つ人が増えるのかもしれない。

古くは日本では、鎌倉時代に鎌倉仏教が興るタイミングで末法思想が出てきた。比較的最近の話では、１９９９年のノストラダムスの大予言も終末論的であり、２０１２年マヤ暦のカレンダーが終わっていることも当時は終末論としてスピリチュアル界隈では話題になった。

しかしながら、今もって人類が終わりをむかえるという局面には至っていない。これからも当面起こりそうな兆しはない。

では、ヨハネの黙示録をはじめとする預言書に記されている内容は妄想やデタラメかと言うとそうではない。預言書はアカシックレコードから得た情報の中でも、より抽象度が高い情報だと考えられる。具体的な個別の事象を指し示しているというよりも、歴史上こういう局面に来たらこういう現象が現れるというメタファー（暗喩）が示されているということである。

例えば、ヨハネの黙示録の中に、白い馬・赤い馬・黒い馬・青白い馬という描写が出てくる。これは文字通り馬を現しているのではない。それぞれの色の馬を使って何かを暗示している。

ではなぜこのような手法を使ったのかと言えば、二つ考えられる。

一つ目は、その預言が記された時代の人々に説明するのに相応《ふさわ》しい表現を使ったという点である。もし預言の内容がその時代よりもはるか未来のことだとしたら、携帯もテレビも核兵器もない時代に、それらを説明し、人々に理解してもらうためには、それなりの時代に合った表現方法になるだろう。

そしてメタファー（暗喩）を使っている理由の二つ目は、未来に起こるある特定の出来事だけを指しているのではないという点である。アカシックレコードとつながっている宇宙の叡智からすれば、起きる事象は多面的な様相を呈していると考えられる。

わかりやすいイメージで言えば、私たちが辿っている歴史の道筋は、一本調子の真っ直ぐな直線ではなく、螺旋を描いていると言ったらよいだろうか。ところどころ形を変えた螺旋《らせん》階段をぐるぐると上っていくイメージである。

そうすると複雑な道筋の中にも、前と同じカーブを描く箇所が出てくる。まさに「歴史は繰り返す」である。時代こそ違えども同じ局面に置かれたとき、そこにシンクロニシティが生ずる。例えば、「白い馬」が、ある時代においては、民族を表していたり、全く別の時代においては、国を表していたりといったように、である。

そう考えていくと、預言との向き合い方は、表面上の文字に囚われることなく、その表現の背後に潜んでいる意味をくみ取ることが肝要なのかもしれない。

イル○ナティカードにみる予言と予告

予言と聞いて、イル○ナティカード(伏せ字)を連想する方も多いだろう。この名前からして怪《あや》しげなカードが有名なのは、結果的に近未来に起こった歴史的事実を言い当てているとされているからである。カードゲーム用に作られたカードの図柄に、明らかに福島原発事故や9・11アメリカ同時多発テロを想起するような絵が描かれている。ちなみにイル○ナティカードの発売日は1982年。これほどわかりやすい予言の類《たぐ》いもないであろう。多くのカードが的中しているのである。

「予言の類い」という表現を使ったのは、このカードが未来を「予知」したものではなく、「予告」と捉える向きもあるからである。

与えられた情報だけでは、どこまでいっても憶測の域を出ない。そこで本著では、イル○ナティカードは、予知・予言でも偶然の産物でもなく、何者かによる予告であるという仮定のもとに話を展開してみよう。あくまでも根拠のないトンデモ話だと思って読んでいただければありがたい。

と言っても、必要以上に読者諸氏に恐怖心を煽るつもりは毛頭ない。フォーカスする点は、何者かの存在を暴くことではなく、なぜ「予告」という行為に至ったのかという側面である。

これを見極めることで、巷《ちまた》に溢れる「予言」と称するもののいくつかは、実は予言ではないということに気づかされるに違いない。

ここで言う「予告」とは、何者かが自分たちの計画を予め告知し、実行に移すことである。もしこのことが真実だとすれば、相当力を持った組織が用意周到に計画を立案し実行したことになる。そしてそのほとんどが世の中にとって不幸な出来事である。

ここで一つ疑問が湧いてくる。なぜ彼らは誰からも知られることなく、粛々と実行に移せばいいものをわざわざカードに自分たちの計画をしのばせておくのだろうか。おそらく意味のないことはやらないはずである。

その答えの手がかりは、マーキング（刻印）という彼らのやり方にあるのかもしれない。フクロウなどのシンボルマークはあらゆる場所に仕込まれている。1ドル紙幣にプロビデンスの目が描かれているのも、その一つである。

これは憶測だが、あらゆるところにマーキングすることによって、自分たちの支配力・影響力を強固にする仕組みがあるのかもしれない。陰陽師が結界を張るように、である。

イル◯ナティカードの場合、あたかもそれが「予言」であるかのように見せかけて、自分たちの行為を隠蔽すると同時に社会不安を増長するように仕掛けたのではないかと思われる。ただし、ご安心あれ。カードの「予言」のいくつかは、すでに外れているものもある。例えば東京オリンピックの年に銀座和光の時計台が崩れる図柄のカードがあるが、これは明らかに外れている。これからの「予言」も外れるものが出てくるだろう。

つまり彼らのもくろみは全てが上手くいっているわけではないということだ。私たちの見えないところで動いている世界は、闇一辺倒ではなく、光の勢力もあるということであろう。カードによるマーキングは強力であると同時に、手の内を見せていることにもなっている。

私が見た未来

たつき涼氏の『私が見た未来』は、未来を予知したとして、テレビにも取り上げられ話題になった。本の表紙にも描かれている「大災害は２０１１年3月」は、明らかに東日本大震災を暗示している。たつき氏の予知の特徴は、夢見によるもの、つまり予知夢である。

たつき氏ほど鮮明ではないにしても、予知夢に似た経験がある方もおられるだろう。知らない街に行ったときに「これって、以前夢に見たことがある」といったデジャヴ（既視感）に近い感覚である。デジャヴの多くは、脳科学的には脳の誤作動によるものだと考えられている。しかし中には本当に予知夢を見るケースがあるのかもしれない。

たつき諒氏の場合はどうなのだろうか。たつき氏の予知夢とされるものをいくつか見ていくと偶然だとは考えにくい。ダイアナ妃やクイーンのフレディ・マーキュリーの死を言い当て、中でも東日本大震災の予知は、本が出版されてから10年近く経っている。10年先の未来のしかも地震という予測困難な出来事を、思いつきで言い当てることなど不可能に近いだろう。

では偶然ではないとして、たつき氏が見た夢とは一体何だったのだろうか。本当に予知夢だったのか。それとも予知夢に見せかけたものだったのか。

何が真実なのかは読者諸氏の判断に委ねたい。

予知夢見せ存在

意図的に何者かによって予知夢を見させられた？　そんな馬鹿げたことあるわけがない……そう思われることだろう。私も人の夢に介入するなどあり得ない話だと思っていた。だが、当時の「たつき諒ツイッター偽者事件」をリアルタイムで知る者として、以下、ことのいきさつをできるだけ中立の立場で坦々と語ってみよう。

そもそもオリジナル版のマンガ『私が見た未来』を最後に、漫画家を引退し世間から忘れられていたたつき氏が、再び注目され復刻版まで出版されるに至ったのは、ある一人の人物によるところが大きい。その人物とは、ツイッター（現X）上で、「自分はたつき諒である」とたつき氏になりすまして活動していた偽者である。偽者だとバレた後のアカウント名にちなんでここでは、彼のことを76氏とする。そもそも本物のたつき氏はSNSを一切しないそうである。それで偽者の発覚が遅れたようである。

偽者である76氏の活動で、たつき氏の『私が見た未来』は、動画サイトなどで度々取り上げられるようになった。さらには76氏は新情報と称して、それまで未公開だった予知もリークするようになる。このようにして注目度がアップして、復刻版の出版にまでこぎ着けたというわけである。

活動中の76氏の言動は、本物のたつき氏の品位を著しく貶《おとし》めるものであり決して褒められたものではなかった。彼がやったことは、出版社や関係者に多大な迷惑をかけた行為であり、訴訟問題にも発展しかねない行為であったと言えよう。事実、偽物であると発覚したときは、ネットでは彼の行為は散々非難された。

私自身、76氏を擁護するつもりは一切ない。だがこの事件の本質は、彼の詐欺行為にあるのではなく、なぜ彼がそのような行為に及んだかという点にある。

ここから先の話は、76氏の言い分を聞き及んだ内容だ。そもそも詐欺行為を行った人物の言い分である。信用ならない話ではあるが、彼は何とも興味深い話をしてくれたのだった。

76氏がまだ少年だった１９７６年当時のこと。少年76氏は、東日本大震災の津波など、たつき諒氏が見たのと同じ予知夢を見たとのこと。正確には「見た」のではなく、「見せられた」のだと言う。その予知夢を見せた存在は、76氏に夢で見たことを世の中に広めるように告げる。しかし当時少年だった76氏はこれを断ったのだった。どうやらこの結果、「予知夢見せ存在」は次の候補であったたつき氏にアクセスしたらしい。

76氏とたつき氏は「予知夢見せ存在」に同じ夢を見せられたことになる。76氏によれば、たつき氏に直接会って、二人にしか知り得ない未公開の予知夢の情報を共有していることが、確認できたという(76氏の言い分なので真偽は定かではない。たつき氏本人に確かめればわかる話ではあるが)。

では、この話が本当だとしたら、「予知夢見せ存在」とは何者なのか? どうやって、何の目的でアクセスしてきたのか? 謎は深まるばかりである。

ここまで読み進めてきて勘の良い読者は、先にあげたイル○ナティカードを連想したことであろう。件《くだん》のカードは予言ではなく予告ではないかという仮説を披露したが、この件に関しても、何者かによる予告だとすると全て合点がいく。ダイアナ妃などの著名人の死など内容もカードと似通っている。

ただこれとて、どうやって人の夢に介入したのかという謎は残されたままである。超能力的なものなのか、それとも一般には知られていない未知の科学技術を使ったとでもいうのだろうか。

76氏によれば、映像のない夢の中で、低い男性の声が聞こえたそうである。この存在が何者なのかはわからない。

本当の大災難は２０２５年７月にやってくる？

この話にはまだ続きがある。『私が見た未来』の復刻版が完成間近の２０２１年７月、たつき氏は再び夢を見る。

【本当の大災難は２０２５年７月にやってくる】

たつき氏が見た夢は、南海トラフ地震なのだろうか。地震による津波被害は、東日本大震災以上の規模とのことである。世間では特に動画サイトなどのＳＮＳを通して、この話が持ちきりになっている。それもそのはずである。東日本大震災を的中させたたつき氏の発言である。これが引き金となり、いろんな人が尾ひれをつけて、あることないこと言っているようだ。

では本当に２０２５年７月に大災難はやってくるのだろうか？

気になるところではあるが、もちろんこの問いに対する明確な答えを、まだ起きていない現時点で出すことはできない。

ただ一つ言えることがある。それはこの予言が「劇場参加型の予言」になっているということである。「天災は忘れた頃にやってくる」という諺は言い得て妙で、天災（特に地震）は得てして人々が思いもよらないときに起こるものである。「今から地震が来るぞ」と言っているうちは起きないものだ。

確率論的に起きる確率よりも起きない確率の方が圧倒的に高いということを承知の上で言わせていただくと、そうした人びとの集合意識がこれから起こる現象を左右することがあり得るのかもしれない。もちろん万が一に備えて、防災を怠りなくし、起きてしまっても減災につとめることが大事なのは言うまでもない。そしてそれ以上に、社会不安を煽るような情報には、厳《げん》に慎重になるべきだろう。

「劇場参加型の予言」とは、これから起こるかもしれない未来を劇場の観客よろしく、皆で共有する予言である。劇を見て一喜一憂している私たちがいる一方で、劇場全体を外から見ている存在がいるのかもしれない。

「予言とは何か」再び

ここまで、予言についてさまざまな角度から見てきた。一言で予言と言っても、神からの啓示である預言から、予言に見せかけた予告まである。新たなアプローチを考察する上でも、予言を取り上げることは意義深い。なぜなら現在とは全く脈絡がないところから未来を知ることは、「時間は直線的に流れている」という従来の時間の概念に反するからである。

予言の何が従来の時間の概念と違うのかと言えば、原因と結果の因果律から外れるという点である。どういうことかもう少しわかりやすく説明しよう。

石を投げたら窓ガラスが割れたとしよう。この場合、石を投げるという行為(原因)が、窓ガラスが割れるという結果を生み出している。時間軸で言えば、石を投げたのが過去で、窓ガラスが割れるのが未来ということになる。石を投げるという行為が、窓ガラスが割れるだろうという結果になるのは容易に「予測」がつく。

だが、予言は予測とは異なる。大地震の予知夢を見て、それが10年後に実現したとしよう。この場合、予知夢を見ることと実際に地震が起きたことには何の因果関係もない。「予測」とは全く異なる仕方で10年後に起きる未来の情報を知ったことになる。これは明らかに、過去・現在・未来という時系列の法則性から逸脱したイレギュラーな現象である。

言い方を換えると、予言というものが本当にあるのだとしたら、過去・現在・未来という時間の流れを超越した情報源が存在することになる。その情報源こそがアカシックレコードであり、このアカシックレコードにアクセスすることが予言である。アカシックレコードを理解する上で、「動き」がカギになるという話をしたが、時間の制約がない「動き」とは、過去から未来だけでなく、未来から過去へもベクトルが向かう。これは予言のなんたるかを見ていくとわかってくる。

例えば極端な例で言えば、「何年何月何日にどこどこのビルで火災が発生し何人の人が亡くなる」という予言があったとする。そしてこの予言が「劇場参加型の予言」にまでなり、多くの人の周知するところとなったら、その日その場所に行く人の数はぐっと減るだろう。結果、「何人亡くなる」という未来の情報の書き換えが起きることになる。それだけではない。全体の集合意識が未来の情報の書き換えを起こすことも考えられる。人々に知れ渡ることによって、「ビル火災そのもの」が事実でなくなる可能性が出てくるということである。

2025年7月に大災難が起こるというのは、本来確定事項だったとする。それが「劇場参加型の予言」になって、人々の集合意識の影響を受け、「見えない力」が働く。それによって、未来の情報の書き換えが起こるのかもしれない。

さてここまで予言について見てきたが、予言とは未来の情報を知ることである。つまり、情報が未来から過去・現在に伝わることである。それに対して、未来人が現在にやってくることは、情報ではなく物理的な移動を伴う。次の章では、この未来人の考察をしてみよう。

第二章

ネットに現れた未来人

A man of the future appears on the Internet

未来人の出現

未来人というワードが広く一般に使われ出したのは、そう古い話ではない。おそらくネットが普及するようになってからだと思われる。それまでの小説や映画で描かれている未来からの来訪者と、ネットに現れた未来人の決定的な違いは、そのリアリティにある。フィクション前提で創作作品の中に出てくる未来からの来訪者と異なり、ネットの掲示板等に匿名で現れた自称未来人の多くが、「自分は未来からやってきた」と主張している。

もちろんそのほとんどが偽物であるのは言うまでもない。偽物であることを承知の上で、自称未来人の言動をエンタメとして見るのは、それはそれで一興である。ヘタなＢ級ＳＦ小説より楽しませてくれるものも中にはある。

ネット掲示板を舞台にした未来人ネタの醍醐味は、臨場感にある。以前『電車男』が話題になった。「電車男」の恋物語が掲示板2ちゃんねる（当時）でリアルタイムに進行し、進んで行くストーリーをネットの住人が共有するというものであった。ネットに登場した未来人の多くも視聴者を巻き込んで話が展開する。

なぜこれほどまでに、未来人ネタが注目されるかと言えば、彼らが近未来の世界を語ってくれるからに他ならない。そこには、「あなたの知らない世界」を覗《のぞ》く的なワクワク感があり、知りたい情報が満載である。それを当て込んで、自称未来人の偽物がはびこっているというわけである。匿名であるが故に、責任も伴わない。おそらくだが、ネットに現れた未来人の99%以上は偽物ではないかと思われる。

しかし、よくよく中身を精査していくと、中にはどうしても虚構とは言い切れないものも含まれている。最終的に真贋を判定するに至らなくとも、考察していく過程で、思いもよらぬ発見があったりもする。本著では、そのいくつかをできるだけフラットな視点で見ていきたい。

未来人なんているわけがないと考える人の四つの論拠

そもそも「未来人なんて本当にいるわけがない」と考えている人には、決まった思考パターンがある。それは世間一般の「常識」の範囲内でしか物事を見ようとしないことである。確かに「常識」にそぐわない非常識は、とりあえず否定しておいた方が楽だ。しかし、真実が「常識」の範囲外にあるのは珍しいことではない。

ここでは、「未来人なんているわけがない」と考える人にありがちな論拠と思考パターンを五つあげてみる。

●論拠1　タイムマシンなんてできっこない

表向きの現代科学では、時空を越えるタイムマシンの製作が技術的に不可能なのは言うまでもない。そればかりか、時空を越えて移動するなど、理論的にナンセンスであるとの烙印を押されてしまうだろう。

しかし実際のところがどうなのかを断定することはできない。例えば、今では世界中に張り巡らされているインターネット網だが、この技術はアメリカ軍の研究に端を発している。いつの時代でも最先端の科学技術が注入される軍事技術は、トップシークレットである。
タイムマシンの技術開発が、秘密裡に進められているとしても何ら不思議な話ではない。私たちの知らないところで世の中が動いているという事実は、都市伝説の一言で片付けてしまうことはできないだろう。

●論拠2　そもそも情報源が2ちゃんねるというところからして怪しい

これは一見まともな意見のように見える。匿名のネット掲示板は、「便所の落書き」と例えられるように、愚にもつかない個人の感想文や、根も葉もない噂話、聞くに堪えない誹謗中傷など、有象無象の書き込みが渦巻いている。果たしてそんな場所に本物の未来人が現れるものだろうか、と。

少し想像力を働かせてみることにする。もし私たち現代人が、江戸時代の江戸の街にタイムスリップしたとして、「自分は未来から来たのだ」と足跡を残したいとしたらどうするだろうか。まさか町の役人のところに行って、「自分は未来から来たので、公文書に記録してください」とは言わないだろう。そんなことをしたら、捕まって尋問を受けるのがオチである。

条件としては、文化的な大衆の目に十分触れることが必要だが、できれば権力や権威からは距離のある「無責任な」コミュニティーが望ましい。匿名性も尊重してほしいだろう。

例えば下町の私塾や寺子屋のようなところに行くのではないだろうか。権威性はなかったもの、大衆の文化が結実した場所であったというのが後世の評価だからだ。

未来人がネット掲示板を「この時代の大衆文化コミュニティー」と評価をしていたとしても不思議ではない。しかも匿名性が保たれるという環境も合致している。

●論拠3　未来人が公衆の面前に姿を現さないのは怪しい

この「未来人が」の箇所は「宇宙人が」に置き換えることもできる。

一言で言ってしまえば、「彼らは彼らなりの大人の事情がある」ということであろう。「宇宙人」に関しては本題から逸れるのでここでは触れないが、未来人にとっては、あえて姿を現す理由を探す方が難しいだろう。姿を公にするのは拘束される等のリスクでしかない。

さらには、未来が望まない方向へ変わってしまうという事情も避ける必要がある。

姿を現せというのは、こちら側の理屈であって、未来人側のものではない。

●論拠4　最近、急に出てくるのはヘン。いるのならもっと前から騒がれたのでは？

古典的なＳＦ小説や映画作品に、タイムマシンはよく登場する。しかしこれらステレオタイプのＳＦと異なり、リアルに未来人の話が聞かれるようになったのは、インターネットが普及し始めたここ20年ほど前からである。なぜにわかに、未来人という設定が出てきたのか？　何か不自然さを感じる……というのが、否定派の意見である。

もし本当に未来人が来ていると仮定するならば、この疑問に対して明快な回答をするのはさほど難しくない。それはおそらくタイムマシンの実用化が、「近未来のどこか」というタイミングだと考えられるからである。

タイムマシンの開発の歴史は、人類の宇宙開発の変遷と照らし合わせるとその全容を想像しやすい。ロケット開発や打ち上げ実験は失敗に次ぐ失敗の繰り返しだったが、ソ連のガガーリンが地球の大気圏外を1周し、人類史上初の有人宇宙飛行に成功する。そしてアポロ11号の月面着陸と、少しずつ距離を伸ばしていった。

同様にタイムマシンの開発も試行錯誤の連続の末に有人タイムマシンの成功に至り、過去へ行くとしても直近から少しずつ遠い過去へと時間を伸ばしていくと考えるのが自然だ。

例えば「2062年未来人」が事実だとすれば、タイムマシンの実用化の時期は今から数十年先までの間ということになる。AIの進化の臨界点突破となるシンギュラリティ（技術的特異点）は2045年とされているので、そのあたりのタイミングだと考えることに不合理はない。現在でさえAIの進化に伴い、科学技術が急激な発展を遂げようとしている。タイムマシンの開発プロジェクトが軌道に乗る環境はそろいつつあるのかもしれない。

では次にネットに現れた未来人の実例を二つほど紹介する。

元祖未来人　ジョン・タイター

「ネット掲示板に匿名の未来人が現れる」という設定で最も有名なのがジョン・タイターであろう。２０００年11月にアメリカのネット掲示板に現れたジョン・タイターは、元祖未来人と言ってもいい。これ以降、タイターを模した自称未来人が続々と現れ、彼は未来人のひな形となっている。

未来人のひな形とは、おおよそ次の通りである。

・数十年先の近未来から来ている。
・何らかのミッションがある。
・彼らしか知り得ないような情報がある。
・これから起こる近未来について語っている。

それぞれについて、ジョン・タイターのケースで見ていこう。

●数十年先の近未来から来ている

タイターは、２０３６年の近未来から来たと主張した。先述した通り、遠い未来ではなく近未来から来るのは、真偽はともかくより現実的ではある。彼によれば、２０３４年に欧州原子核研究機構（ＣＥＲＮ）でタイムマシンの試作機が実用化され、その開発はゼネラルエレクトリック社が行ったという。

●何らかのミッションがある／彼らしか知り得ないような情報がある

未来人の多くは、観光で来ているのではなく、何らかの目的があって来ている設定になっている。タイターの場合は、ある物を回収することが目的であった。

ある物とは、１９７０年代に出たＩＢＭ ５１００というコンピュータのことで、これを未来に持ち帰れば、２０３８年問題（同年にコンピュータが深刻な誤作動を起こすという問題）が解決できるという。実はＩＢＭ ５１００にはコンピュータプログラムをデバッグ（プログラムのバグを修正すること）する特別な仕掛けが組み込まれていた。

このコンピュータの開発者以外、この情報を知る者はほとんどいなかった。つまりタイターしか知り得ないような情報だったというわけである（異説あり）。

●これから起きる近未来について語っている

タイターは、２０００年以降の近未来を数多く予言している。代表的なものをあげてみよう。

・２０００年問題（コンピュータの誤作動問題）によって世界は大混乱に陥る。

・オリンピックは２００４年を最後に、２０４０年まで開かれない。

・2005年、アメリカは内戦状態になる。
・2015年、核兵器による第三次世界大戦が起こる。
・2017年、核戦争により、30億人の死者が出る。

いかがだろう。見事なまでに全て外れている(ここにはあげていないが当たっているものもあるにはある)。外れているがゆえに、フェイクであると言われても致し方ないだろう。

ただ「外れた」の一言で片付けるわけにいかない事情もあるから厄介である。

それは、世界線/パラレルワールドという概念の存在だ。私たちがこれから辿るであろう世界とは違う世界が、パラレルに存在しているのだとしたら、ジョン・タイターが辿った世界線と私たちが辿った世界線が違っていたと説明することができる。

それを言ってしまうと、自称未来人にとっては、無敵のアイテムを手に入れたようなものではある。自身の創作の未来図が現実と違っていたとしても、「違う世界線を選んだ」と言ってしまえば終わりで、何でもありになってしまうからである。言い方を換えると、世界線/パラレルワールドという概念は、多くの誤解と偏見を招きかねない。

では世界線/パラレルワールドという概念がとんでもないデタラメかと言うと、そうとも言えないのだ。詳細は後述するが、タイムトラベルが成立するには、パラレルワールドは極めて重要なコンセプトになる。

ジョン・タイターの場合は、どうだろう。もし仮にタイターが言っていることがフェイクではないとしたら、彼がいた世界線とは大きくずれ込んだ世界線上に私たちはいることになる。タイターがネット掲示板から姿を消したのは、２００１年のことだった。重視していた２０００年問題（コンピュータの誤作動問題）が何事もなかったことを彼は確認しているはずである。少なくともこの時点でタイターは、自分がいた未来の世界線とはズレた世界線にいることを認識したであろう。世界線のズレが何パーセントかはわからないが、２０１７年に核戦争により30億人の死者が出る世界線と、私たちがいる世界線とは、大きくズレているのは間違いない。

「元祖未来人」ジョン・タイターは限りなくフェイクの可能性が高い。しかし彼が世界線／パラレルワールドの概念を広く世の中に知らしめたのは事実である。

フェイクでなかったとしたら、タイターは大きくズレてしまった世界線から、元いた世界線に戻ろうとしたことになる。彼が無事帰れたかどうかは定かでない。

ちなみに、次に述べる「２０６２年未来人」は、ジョンタイターのことをこう言っている。

Q：（ネットの質問者）　ジョン・タイターは知り合いですか？
A：（2062年未来人）　ノーコメントだ。（2010/11/14）

２０６２年未来人

次に２０６２年未来人について見ていこう。この２０６２年未来人が他のあまたの未来人と一線を画しているのは、その「予言」の信憑性と整合性にある。その意味で、彼は本物のタイムトラベラーの可能性があると言える。もし仮にフェイクであったとしても、彼の未来予想の慧眼は、それはそれで特筆に値する。彼がネットに現れて十数年経った今でも、その評価は変わらない。

２０６２年氏が初めて掲示板２ちゃんねる（現５ちゃんねる）に書き込みを入れたのは、２０１０年11月14日のことであった。

（※以下、実際のネットでの、質問者と２０６２年未来人のやりとりを掲載。引用元：旧２ちゃんねる・原文まま）

Q：あなたは未来からの何かしらのゲートウェイを使っての無線通信を使って書き込みをしているのですか？　それとも肉体ごとこの世界にやってきてどこかのネットカフェや無線ＬＡＮただ乗りから書き込んでいるのですか？

A：肉体ごと来てる。通信手段＆場所に関しては言わないでおく。（2010/11/14）

彼がタイムマシンを使って、物理的に未来から来ているのがわかる一文である。

Q：何で遥々この時代に来たのに2ちゃんねるのオカ板の予言スレに書き込んでるんですか？　スレ立ててやる方が良いんじゃないんですか？　それとリアルで何をするつもりで来たんですか？

A：訪問の目的は秘密調査の一環。書き込んでるのは、過去データベースを調べて２０１０年に人気があったウェブサイトだと判明した。調査予定時間まで見てみようと考えたのだが書きこんでしまった。（2010/11/14）

彼の2ちゃんねるへの書き込みは、どうやら書き込み自体が目的ではなく、偶発的なものだったらしい。調査員という立場でありながら、ある程度の自由行動が許されているのが見てとれる。

明日から２日間、24時間体制で秘密調査に出掛ける。今の日本（２０６２年）に必要で採取しなければならない生命体がある。（2010/11/14）

目的は、ある生命体の採取とのこと。「捕獲」ではなくて「採取」という表現からして大型の動物ではなく、小動物または植物や菌類・細菌類の類いと思われる。わざわざタイムトラベルまでして来ているわけだから、2062年時点でよほど重要な意味を持っているのだろう。

ちょっと今から夜まで秘密調査の時間だから、何か聞きたいことがあったら書いて。もしかしたら、「他の2062年から来た調査員」がここに書いて答えるかもしれない。一応、「経緯」を仲間に伝えとく。（2010/11/14）

Q：11月20日土曜日にも2062年からの未来人を名乗って書き込みした人がいましたけど、この人とは関係あるのでしょうか？

A：関係がない。ネバダ研究所から7名でやってきたが他の調査員は現代のコンピュータに触れていないと思うのだが。後日聞いてみよう。（2010/11/21）

この文面から次のようなことが推測できる。

・仲間の調査員が2062年氏を含めて7人いる。
・もし7人全員が「2062年から来た調査員」だとすれば、7人以上が乗れるそれなりの大きさのタイムマシンか、小型の複数機で乗り合わせたのだろう。
・「他の2062年から来た調査員」がここに書いて答えるかもしれないというくだりから、少なくとも日本語が話せる仲間（日本人）がいることになる（ちなみに11月20日の書き込みは、2062年氏になりすました偽者である可能性が高い）。

・「ネバダ研究所から7名でやってきた」……この文面は二通りの解釈ができる。①2062年のネバダ研究所から現在の日本に直接来たのか、②最初に現在のネバダ研究所にタイムマシンで来て、飛行機などの移動手段で日本に来たのか。①だと7人乗りクラスのタイムマシンを日本のどこかに隠しておく場所が必要になる。しかもそこは見つかってしまうリスクを回避するような場所でなければならない。②だと現在のネバダ研究所が、未来人発着のポータルになっている可能性が高い。その場合、現在のネバダ研究所に未来からのタイムトラベラーの受け入れ態勢ができていることになる。

・ネバダ研究所とは、アメリカネバダ州の砂漠にあるアメリカ軍空軍基地「エリア51」のことだと思われる。エリア51と言えば、UFOや宇宙人で有名だが、未来人が関わっているとなると、当然ながら一般には知られない国家最高機密情報ということになるだろう。

・そのネバダ研究所の研究員が、なぜ危険を冒してまで2010年11月の日本に、ある生命体の採取に来なくてはならなかったのか。緊急性が感じられる。

Q：未来人さんに、行き先を〝2010年11月〟という瞬間に選んだのか 意味があるなら教えてください。

A：理由は言うことが許されない。しかし、2010年11月だけではない。今回の任務が完了したら2016年4月15日へ行く。また会えたらいいいな。（2010/11/16）

このやりとりは、明らかに2010年の11月というタイミングで日本に来ることに意味があると言っている。他の日ではなく、2010年の11月に、である。しかも「理由は言うことが許されない」という表現は、「これから未来に起こる知られたくない何か」を含んでいるようにも考えられる。

次に来るのが2016年4月15日。この2回目の訪問が1回目と同じ目的（生命体の採取）かは定かでない。だが、この2回の訪問に深い関連性があるのは間違いなさそうである。「また会えたらいいな」という言葉は、「次も日本に来ますよ」の意味。ネバダ研究所というアメリカの機関でありながら、日本人が調査員として選ばれているのは、日本が任務遂行の舞台だからである。何かのついでに日本に来たのではなく、このタイミングで日本に来ることが第一目的だったと考えられる。

ここまで読み進んだ読者の中には、ある疑問を感じた方もおられるだろう。

「なぜ生命体の採取に期日の指定が必要なのか？」

普通に考えれば、生命体の採取など、時期を問わずいつでも良いはずである。なんなら2062年でも良さそうなものである。それがなぜ2010年11月と2016年4月である必要があるのか？　実はこの疑問こそが、2062年未来人が来た理由を知る大きな手がかりになっていると、私は考えている。

東日本大震災を的中「山に登れ」

Q：あなたの時代までにあった歴史に残るような大きな自然災害（２０１１～２０６２年）をいくつか教えてください。

A：自然災害に関しては、言うことが許されない。人口動態変化につながることは言えないのだ。ただし、忠告しておく。ｙあ　間　Ｎ意　埜　ｂ於　ﾚ　（山に登れ）（2010/11/14）

「山に登れ」……この言葉が暗示していることが、「大津波が来るからできるだけ高いところに避難せよ」という意味であることは、東日本大震災を経験した今となっては、誰もが理解できる。

しかし、２０１０年11月当時、この数ヶ月後に世紀の大災害が起こるなど誰一人想像だにしていなかった。実際、ネット掲示板にこの「山に登れ」という言葉が出たときには、ネットの住人の中でさまざまな憶測が飛び交った。「自然災害に関しては、言うことが許されない」けれど大津波が来るから避難してほしい……言いたいけれど言えない彼の立場からしてみれば、精一杯のつぶやきである。一見何のことかわからないが、起こった後で「このことだったんだ」とわかってもらう意味では、「山に登れ」は的確な言葉だったと思う。後出しジャンケンなら何とでも言えるが、これを2011年3月11日よりも前に言ったのである。

さらに「2016年4月15日」という具体的な日を次の任務遂行の日としている。

この日は、2016年4月16日の熊本地震本震の前日である。日にちの差こそあれ、2度のタイムトラベルが2度とも大地震の前というのは、偶然にしてはできすぎている。

もし、大地震が起きることがわかっていて、生命体の採取のため未来からやってきたとしたら。その生命体とは地震との関連性が強い生き物ということになる。ただし、ナマズのように地震を察知すると言われる生き物ではないだろう。時間移動ができる2062年の人にとっては、未来予測に大きな意味はないからだ。

ここから先は、情報が少な過ぎて妄想気味になってしまうが、少しだけお付き合い願いたい。

そもそも地震関連でタイムトラベルして来たとすれば、生命体の採取は、1度目の2010年11月だけだったと思われる。このときは、採取するのに十分な時間があった。だが2度目の2016年4月15日は、ほぼ地震と重なり、生命体の採取の時間を確保するのは難しい。おそらくだが、熊本地震の方は生命体の採取ではなく、地震に立ち会うこと自体が重要だったのではないだろうか。そう考えないと、本震の前日という日をピンポイントで狙って来る意味がわからない。

ならば、なぜ熊本地震を直接観測調査しに来たのかに疑問が残る。単なる観測データの入手であれば、気象庁の過去のデータを見ればわかる話である。他の地震とは異なる何かが熊本地震にはあったのだろう。単なる観測ではないとしたら、地震の影響で阿蘇山の火山活動が活性化するのを抑えるなど、「過去への介入」なのかもしれない。

では東日本大震災の前の時期の、ある生命体の採取とは何だろうか。２０６２年に必要な生命体とは……この疑問には、次のやりとりがヒントになるかもしれない。

Q：海に放射能をばら撒かれる大事故があり魚が食べられなくなるという話もほんとなのかとも。

A：海洋生物は〝ほぼ〟食することができない状況（２０６２年）だ。（2010/11/14）

２０６２年に失われていて、今はまだあるのは海洋生物を自由に食する環境である。このかつての海洋生物の環境を取り戻すために、生命体の採取に来たのではないかと思われる。つまり、福島原発事故前の放射能の影響を受ける前の何らかの海洋生物が必要だったのではないかと。

ただし「海洋生物は、ほぼ食することができない状況」は、福島原発事故が原因というわけではない。今後、放射能の海洋汚染をもたらす事件・事故が世界レベルで起きるのか、あるいは温暖化による海温上昇などの他の要因でそうなるのか、そのどちらかではないか。

「2日間、24時間体制で秘密調査に出かける」とは、船舶に乗り込んで採取したとすれば、つじつまが合う。

2062年未来人が語った第三次世界大戦

2062年未来人は、近未来について政治・経済・国際情勢など実に多くのことを語っている。ここではそのうち、第三次世界大戦についてのやり取りを取り上げてみる。

もちろん、確証を得ている話ではない。あくまでも作り話として読んでいただければ幸いである。今後の国際情勢をシミュレーションする上での参考程度にはなるのかもしれない。

Q：世界大戦はありましたか？

A：世界大戦は1回あった。第三次世界大戦。（2010/11/14）

Q：2030年代に予定されている第三次世界大戦なんかも情報あればよろしく。

A：第三次世界大戦は2030年ではない。もっと早いぞ。（2010/11/14）

これは何ともショッキングな話ではある。2030年と言えばあと数年以内ということになる。世界大戦とは、二カ国間の領土問題の戦争や小競り合いではなく、かつて第二次世界大戦で連合国側と枢軸国側に分かれて戦ったように、世界が少なくとも二つの勢力に分かれて対峙することである。その点では、現在散見される「アメリカを中心とする西側諸国」と、「それに対抗するロシア・中国を中心とする反西側諸国」という対立の構図は、世界大戦が起き得る条件と言える。それまでのアメリカ一強の時代から、中国の台頭・ロシアの暴走により、現代のパワーバランスは崩れている。均衡が破れてグラグラしているときは、何が世界大戦の導火線となるかはわからない。かつて1914年、オーストリア皇太子夫妻がセルビア人青年に暗殺されたとき（サラエボ事件）のように、である。

Q：第三次世界大戦は日本も参戦しますか？　核は使用されますか？
A：勿論参加した。日本はブチ切れたぞ。核は日本は使わないが……（2010/11/14）
Q：第三次世界大戦で日本はどの程度被害を受けるのか？
A：核は落とされない、とだけ言っておく。（2010/11/16）

「日本に核は落とされない」……ひとまずはホッとする文言だ。

かつて日本は、広島・長崎と二度にわたって核兵器を使用されている。これは当時のアメリカの「戦争を早期に終結させる」という戦略的思惑からだった。見方を変えると、第三次世界大戦では、日本は主導的な立場をとっているわけではないと考えられる。少なくとも敵国にとって日本は、戦略的に核兵器を使用する必要はないと見ているのだろう。

「日本はブチ切れた」……この表現は、かつて真珠湾攻撃を仕掛けられたアメリカのように、敵国から不意打ちを食らったのだと思われる。

「核は日本は使わないが」……もしこの文言をタイプミスではなく、正確に2062年氏が言っているとすれば、二つの意味合いがある。一つは、日本は使わないが他国は使うという意味。そしてもう一つは、使わないけど日本は核を保有しているという意味である。

現在の日本は、非核三原則に則り、核兵器を保有していないことになっている。それなのに、未来人が暗に日本の核保有をほのめかしているのであれば、原発で使用するプルトニウムの軍事転用のことだと推測できる。つまり未来人からしてみれば、プルトニウムを保有している日本は、潜在的核保有国と評価できるのかもしれない。あるいは、国際情勢の変化により、世論も変わり、非核三原則を改めて、正式に核保有国を名乗るようになった可能性もある。

Q：第三次世界大戦はどことどこの戦争なのか？

A：これはアジア全域、アメリカ、ロシア、一部ヨーロッパ、そして中東各国。（2010/11/16）

ロシア・ウクライナ戦争、イスラエルと周辺国の紛争、台湾有事問題や南シナ海の領土問題、朝鮮半島情勢等々。これらの戦争や紛争が二つの勢力に分かれて戦うのが次の世界大戦ということなのだろう。まさに2024年現在の国際紛争を正確に表しているが、これについては

2010年においても十分想像が及ぶ姿ではあった。

Q：第三次世界大戦の前に中国と日本の軍事衝突はありますか？　あるならそれはどう終息する？

A：ある。序盤、アメリカ、日本が応戦するが、最強国家インドが鎮圧。（2010/11/21）

中国と日本の軍事衝突とは、尖閣諸島領有権をめぐる問題だろう。つまり、台湾有事と尖閣問題がセットになっているということである。

日米同盟のもと、アメリカは日本側について参戦するが、膠着状態が続くのか。少なくとも核保有国どうしの全面核戦争には至らないようだ。

「最強国家インドが制圧」……これは現在の国際情勢を鑑《かんが》みても少し無理があるように思える。影響力が落ちてきているとは言え、現代の最強国家はアメリカである。ここで言う「最強国家」とは、今の時点ではなく、未来においての、というのが正しい解釈のようだ。人口減少により、相対的に国力がますます落ちていく日本を尻目に、世界一の人口を誇るインドは、今後数十年にわたって、世界一の国力を持つ国になっていくのだと思われる。ＢＲＩＣＳの一角を担うインドは、ロシア・中国側につくのではなく、大戦当初は中立、のちにアメリカ・日本側について参戦という流れのようだ。

Q：第三次世界大戦で敵国は日本列島本土に上陸しますか？

A：しない。日本軍が死守する。（2010/11/21）

Q：今後戦争が世界であるならば日本における戦争の被害は？

A：ノーコメント。（2010/11/21）

「日本軍が死守する」……この表現には極めて違和感を覚える。まず、自衛隊ではなく日本軍とあるところ。2062年氏がこれを間違えるとは考えにくい。

おそらく他国から先制攻撃を受け応戦するにあたり、憲法を改正し、自衛隊を日本国軍に再編するのだろう。かつて黒船来訪までは徳川幕府が継続したように、外圧や外敵が目の前に迫って来ない限り何も変わらない。相変わらずそれが日本の特性なのだろう。しかしいったん変えるとなると、明治維新のように突っ走って変貌を遂げるのもまた、日本という国である。

「日本における戦争の被害は？」……この問いに対してはノーコメントとなっている。人口動態変化について言えないのと同様、具体的な数字をあげることができないのは察しがつく。日本列島本土上陸は日本軍が死守するという表現がある。現在の戦争では上陸戦よりもミサイル等による空中戦が中心になっている。たとえ第三次世界大戦が日本にも波及するとしても、人的被害が最小限にとどまることを願いたい。

ネットに巣くう偽物

ここまでジョン・タイターと2062年未来人という二人のケースにスポットを当てて、ネットに現れた未来人を見てきた。繰り返しになるが、全てがフェイクである可能性ももちろんある。大事なのは、虚構や誤誘導や不誠実さに溢れるネットの渦の中にあって、キラリと光る真実をすくい上げることだと、私は思っている。

そのためには、掴んだ情報を精査する分析力と何が正しいかを判断する洞察力が求められるのは言うまでもない。まずは情報を鵜呑みにしないということである。

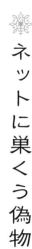

2062年未来人に関して言えば、「山に登れ」という大津波を予見した書き込みが実際に具現化した2011年3月11日以前と以後とでネットでの取り扱われ方は、随分と違ったものになった。それだけ注目度が増したということだが、注目が集まるとそれに便乗する者が出てくるのがネットの世界である。2062年氏の消息は、2010年11月の書き込みでいったん途切れるが、2011年7月、再びネットに降臨する。2011年3月11日以降ということになる。

これはあくまでも私の個人的な感想であるが、2011年3月11日以降の書き込みは全て、最初の書き込みを入れた２０６２年氏とは別人のものだと思っている。微妙な文体の違いや、内容のニュアンスの違いなどが、複数見られるからだ。

「未来を予見した」という事実によって注目度が上がると、オリジナルの２０６２年氏になりすました偽者が出やすくなる。匿名の世界でもいいから注目されたいと考える「寂しい人間」は、今も昔もたくさんいる。

もし、オリジナルの２０６２年氏が本当に未来からタイムトラベルしてきたとしたら……。

偽情報の渦の中で、２０６２年未来人の真相はねじ曲げられ、格好のネットのおもちゃにされていることになる。

当然ながら、未来にいる人間には過去に起きたことがわかっている。ひょっとすると真相が雑音の中にかき消されることも、２０６２年の未来から過去を見ている彼にとっては、想定内のことなのかもしれない。

第三章

タイムマシンとパラレルワールドの概念

Concepts of Time Machines and Parallel Worlds

タイムマシンは原理的に可能か

肉体ごとタイムワープする装置がタイムマシンだ。タイムマシンについて考えていくと、時間の概念の見直しに迫られることになる。それは私たちが「常識」としている時間の尺度では、時間に対するパラドックス・矛盾が説明できないからである。どうしても、時間の概念、世界の成り立ちを根源的に捉えなおす必要に迫られるのである。

大半の人にとって、タイムマシンはSFのストーリーに登場するもの。創作の世界の産物でしかない。そんな架空の物であるはずのタイムマシンについては、事実に裏付けられる情報が皆無だ。だから、まともに論ずるのは容易なことではない。

この章では、その困難な試みをあえてやってみようと思う。数少ない情報をつなぎ合わせ、想像力をフルに働かせて、タイムマシンやタイムトラベルの何たるかについて紐解いていこう。そもそも存在すら疑わしいのが定説なのだから、エンタメの類いとして読んでいただいてもちろんかまわない。むしろ、そうしていただかないと困る。

楽しみながら考えていくその先に、タイムマシンの本質、時間の本質がおぼろげに見えてくることもあるのではないだろうか。そんな期待を持っている。

そもそも原理的にタイムマシンは作れるのだろうか？

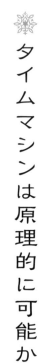

フィラデルフィア実験は世界初のタイムマシンの実験か

もし現在、タイムマシンの研究開発が世界のどこかで秘密裡に行われているのだとしたら、開発のきっかけとなった出来事なり、理論なりがもっと前からあったと考えるのが妥当だ。その有力な手がかりが「フィラデルフィア実験」である。

「フィラデルフィア実験」とは、今から約80年前の1943年、第二次世界大戦の最中、当時のアメリカ海軍が行ったとされる極秘実験のことである。


実験の目的は、艦船がレーダーに捉えられないようにするというものであった。

この時に実験に使用されたとされるのが、天才科学者ニコラ・テスラが発明した「テスラコイル」である。これは二つのコイルを共振させる共振変圧器で高周波・高電圧の電流を空中放電させる装置である。

当時は、艦船がレーダーに感知するのは、船体が磁気を発するからだと考えられており、この磁気を消すのに、テスラコイルが使用されたというわけである。

実験は、乗組員がいる有人の駆逐艦エルドリッッジに、テスラコイルで発生させた高周波・高電圧の電流を空中放電し照射する形で行われた。

結果、エルドリッジの船影は見事にレーダーから消えた。実験の目的であるレーダー不可視化に成功したかに思えた。

しかし、消えたのはレーダー上だけではなかった。異様なドーム状の光に包まれた駆逐艦エルドリッジは、霧の中にスーッと姿を消してしまったのだった。

そして、フィラデルフィアの軍港から遠く離れたノーフォークに忽然と姿を現したのである。フィラデルフィアからノーフォークまで、距離にして約320キロメートル（東京－名古屋間くらい）を、一瞬にしてテレポーテーション（瞬間移動）したことになる。

まさか全長100メートルに及ぶ艦船がテレポーテーションするなど、誰も予期せぬ結果だったと考えられる。

実験計画の総指揮にあたっていたニコラ・テスラは、当初より有人による実験は危険すぎるとして実験に強く反対していたという。実際、艦内の乗組員に多くの犠牲者が出ている。

ニコラ・テスラは、この実験の後、程なくして亡くなる。そして彼の死後、大量の研究資料がFBIによって持ち去られたとされる。

のちに『フィラデルフィア・エクスペリメント』という映画にもなったエピソードだが、アメリカ海軍当局は、そのような事実はなかったとして、フィラデルフィア実験のそのものを否定している。従って真相は闇の中であり、憶測でしか語れないが、もしこれが事実であるとすれば、フィラデルフィア実験は、結果として世界初のテレポーテーション・瞬間移動の実験だったということになる。

そしてここが重要なポイントなのだが、瞬間移動したとすれば、それは単なる空間移動ではなく、時空間移動だった可能性が高い。A地点からB地点へ物理的にテレポーテーションした際に、コンマ何秒であったとしても時間のズレが生じると予想されるからである。

私たちがいる三次元物質世界は、空間座標によって自分が今どこにいるかを示すことができる（Googleマップがまさしくそうである）。さらに世界は、この空間座標に、時間という概念を加えた時空間座標によって示すことができる（いつ、どこにいるかという座標である）。

当たり前のことだが、時間には連続性があり、時空間座標が日頃意識されることはほとんどない。ところが、テレポーテーションは、A地点からB地点へと時空間座標が移動することになり、時間の連続性が全く失われることになる。この時になって初めて、人は時間の連続性は絶対的なものではないということに気づかされる。

フィラデルフィア実験でたまたま時空間移動の仕方を発見したとすれば、国家の最高機密として密かに時空間移動の研究が進められたであろうことは、想像に難くないし、もしそうだとしたら、80年近く経過した現在では、研究も相当進んでいるに違いない。

時空間移動装置、すなわちタイムマシンの実用化に、人類が到達する日(あるいは到達した日)がいつなのかはわからない。

しかしはっきり言えることがある。それはタイムマシンの存在が、アポロ計画の月面着陸のように、華々しく公に周知されるものではないということである。なぜ公表されないか、理由は二つある。

理由の一つは、タイムマシンの存在が知れ渡ることによる社会的混乱である。過去に戻って現在や未来を書き換えたり、未来に行って知り得ない情報を入手したり、といったことが可能であれば、使い方次第でタイムマシンは世界に重大な悪影響を招いてしまう。

社会全体の精神性が上がり、タイムマシンの存在を受容できる倫理観を持たない限り、タイムマシンの存在は秘匿され続けるであろう。言い方を換えると、タイムマシンの存在が公然と認知される近未来では、社会全体の精神性が今よりも格段に上がっているはずである。

理由のもう一つは、タイムマシンが実用化するまでに、知的地球外生命体、あるいは未来人から、技術提供を受けている可能性があるからある。宇宙人や未来人がシークレットであれば、当然それに関することも公にはできないであろう。

ＵＦＯはタイムマシンか

そもそも一口にタイムマシンと言っても、未来に行く技術と過去へ行く技術では、難易度が違うように思われる。単に未来に行くだけなら理論上は可能であろう。

アインシュタインの相対性理論では、光速に近づくと時間は遅くなる。この原理を利用すれば、光速に近い条件にマシンを置くことができれば、元の世界に戻ってきた時に、結果的に未来へ行ったことになる（もちろん光速に近づけるという難題が残っているが）。映画『猿の惑星』で、宇宙船が未来の地球である猿の惑星へタイムリープしたのがこれである。

しかしこのタイムトラベルは、未来への片道切符である。未来へ行って元の世界に帰って来るには、過去へ行く技術が必要になるのは言うまでもない。

タイムトラベルが成立するには、行って帰ってくる技術が不可欠ということになる。

先に紹介した２０６２年未来人は、タイムマシンの開発について面白い発言をしている。

Q：タイムマシンの実用運用時期。
A：タイムマシンは未来タイプ（ＶＣＸ５０００）が早く開発される。これは予想とかけ離れた姿だ（今でいう電車？　に似て非常に細長い）その十数年後に過去へ移動するタイプＧ＋ＮＸＫ６２９０（これは楕円形）が開発されることになる。（2010/11/14）

最初に開発された未来へ行くタイプと過去へ行くタイプとでは、形状が全く異なっていると言うのだ。過去へ移動するタイプは、私たちからすれば未来からやってきたタイムマシンということになるが、これはＵＦＯのように楕円形をしているらしい。

Q：ＵＦＯはタイムマシンと関係あるのか、あるいはそれ自体なのか。
A：大いに関係ある。が、ＵＦＯの概念が今と違う。（2010/11/21）

一般的にＵＦＯは、知的地球外生命体の乗り物や地上で開発された軍用機の可能性が示唆されている。しかし、第三の可能性として、ＵＦＯは未来からやってきたタイムマシンなのかもしれない。

親殺しのパラドックス

タイムトラベルが可能であるとする理論の前に立ち塞がる最大の壁が、「親殺しのパラドックス」であろう。

親殺しのパラドックスとは、（倫理的な問題はさておき）タイムマシンで過去に戻って自分の親を殺した場合、自身もまたこの世に存在しなくなってしまうという矛盾である。この矛盾にフォーカスすれば、タイムトラベルそのものが不可能ということになってしまう。

1980年代に登場したSF映画『バック・トゥ・ザ・フューチャー』シリーズの中でもこのパラドックスが出てくる。自分の両親が結婚しないかもという過去を知った主人公の青年が、タイムトラベルしてこのピンチを切り抜けるというものである。

この映画の中では、過去・現在・未来という流れは一つしかなく、もし主人公の両親が結婚しなければ、主人公は消えてしまうという設定になっていた。

もちろん映画というエンタメの中でのこと、そこまで厳密に矛盾点を指摘するのは野暮というものだろう。でも実際のところはどうなのだろう。ここでは親殺しのパラドックスを回避・解決する二つの説をあげてみよう。

一つ目は、「過去への介入はできない」という説である。厳密に言えば、介入できないのではなく、介入しようとしても結果は変わらないというものである。先の映画の例で言えば、主人公が存在している以上、どんなに妨害しようとしても両親が結婚するという運命は変えられないということになる。

この「過去への介入」に関して、２０６２年未来人は、次のように述べている。

洩らすことが許されない情報がいくつも存在する。
例えば、株式で莫大な利益を得る事に少しでも抵触する可能性があれば×
人口動態的変化に纏《まつ》わる事も×
このような決まりがいくつもある。

つまり彼によれば、過去への介入ができてしまうが故に、介入はしてはならないということになる。やろうと思えば、過去への書き換えができてしまうのである。どうやらそれをやってしまうと、事案によっては、重大な問題をもたらすようであるが……。

パラレルワールドの概念

親殺しのパラドックスを回避・解決する説の二つ目は、並行世界・パラレルワールドという概念を持ち込むことである。過去・現在・未来という一筋の連なりを「世界線」だとすれば、この世界線がパラレルに無数に存在しているという考え方である。つまり、宇宙は可能性の世界が無限に拡がっており、私たちが現実だと認識している世界は、その無数にある世界線のうちの一つに過ぎないというわけである。

この世界線がパラレルに存在しているという概念は、考えてみれば今までの常識とはかけ離れた奇想天外な発想である。私たちが五官を通して認識している現実世界とは別に、パラレルに似通った世界が存在しているというのである。

おそらく私たちがいる現実の世界からしたら、それらの類似の世界は可能性の世界ということになるのだろう。逆に可能性の世界の住人からしたら、自分たちの方が現実世界で、私たちがいる世界の方が可能性の世界ということになるのかもしれない。

その無数に並んでいる世界線が、グラデーションのように広がっており、私たちのいる世界線と似通っている世界線は直ぐ近くにあり、私たちの世界線からかけ離れている世界線は、遠いところにある、というイメージである。

この世界観を用いれば、親殺しのパラドックスは回避できる。タイムマシンで戻った過去は、元いた世界線とは違う世界線上の過去だからである。見方を変えると、私たちが辿ってきた本線の世界線があるとすれば、その本線の世界線の過去へタイムワープすることはできないことになりそうだ(理由はパラドックスが生じるため)。

そうすると、タイムマシンを使ってタイムワープした先の過去は、元いた世界線の過去と似てはいるが、少しだけ違った世界ということになるのだろう。

本物であるかどうかは甚だ疑わしいが、もしジョン・タイターが本物のタイムトラベラーだとすれば、彼が元いた世界線と私たちがいる世界線は、発言からして、著しく遠いところに位置していることになる。近い世界線に行けなかったのは技術的な問題だったのか何らかのミスだったのかは定かでないが。

可能性の世界線と現実の世界線

これまで述べてきた仮説が正しいとすると、２０６２年未来人は、彼が元いた世界線とは少しだけズレた世界線である私たちの世界へやってきたことになる。世界線が違うのだから、何をやっても自由だと考えることもできよう。

ところが実際には、行動の制限があり、守らなければならない守秘義務がいくつもある（例えば、人口動態変化に影響する情報は口外してはならない、など）。


これは一体どういうことを意味するのだろうか？

おそらくだが、パラレルに存在している世界線どうしは相互に影響しあっているのだと考えられる。だからこそタイムトラベラーは行った先でも慎重な行動が求められるのだろう。

近い世界線どうしほど、影響力が大きい。水面に投げられた石が波紋を描くように、遠いところより近いところほど影響は大きい。そして可能性の世界線と現実の世界線は相互に影響しあっているということになる。

タイムマシンで別の世界線へタイムワープするというのは、通常ではあり得ないイレギュラーである。もしこれが可能であれば、おかしな現象が起きていることになる。

タイムトラベラーが元いた世界線が現実の世界で、タイムワープした先の世界線が可能性の世界であることは、先ほど述べた通りである。

であれば、肉体ごとタイムマシンでワープした本人にとって、可能性の世界とはなんなのだろうか。彼にしてみれば、まさしく行った先の世界が現実であるのは言うまでもない。彼自身にとっては、一つの現実世界から別の現実世界へワープした感覚であろう。大多数の人にとって、可能性の世界なのに、当の本人にとっては現実世界となる。

こうして話を突き詰めていくと、現実とは何かという存在論にまで行きつく。私を含むタイムトラベルなど経験したことのない大多数の人たちにとって、みんなで共有している現実世界は一つであり、過去・現在・未来という流れの世界線は一つである。それは疑うべくもない「常識」である。

しかしこれまで見てきたように、パラレルワールドの概念で捉えると、現実とは絶対的な存在ではなく、「世界を見ているその人自身にとっての現実」ということになる。

つまり認識することによって現実世界を選んでいるのである。タイムトラベラーが行った先の可能性の世界が現実世界となったように。

現実世界は、無数にある可能性の世界から、私たち一人一人が選択している……。

それは釈迦が説いた「空《くう》」の世界観とも通ずるのかもしれない。

第四章

『ヤコブの梯子』

The concept of parallel worlds, "Jacob's Ladder"

『ヤコブの梯子』時空の狭間に翻弄された男性の話

ここまで、「時間は直線的に流れていて戻ることはない」という時間に対する従来の概念とは違う、新たなアプローチについて解説してきた。その輪郭を理解してもらえたのではないかと思う。

この章では、その理解を、さらに実体的なものとして感じられるように、ある男性の「体験談」を紹介する。

主人公である26歳の男性が、2008年に2ちゃんねる(当時)に書き込みをした。彼の体験は、まさに従来の時間の概念を覆すもので、にわかには信じがたいものだった。

大きな謎を含みながら掲示板の中で進んでいくストーリー。あまりにも常軌を逸していたが、リアルタイムで掲示板を見ていた人たちを巻き込みながら展開していった。

なんら立証の手立てもない以上、フィクションである可能性は否定できない。あくまでもエンタメとして楽しむべきものだろう。しかし、書き込みは細部にわたって妙にリアルであり、不思議な説得力がある……掲示板に常駐していた「住民」を惹きつけていったのだった。

この不思議な物語は実話なのか創作なのか。私自身は中立の立場だったが、「世界の成り立ち」を考えるための教材として非常に優れたものであることは間違いない。そこで、YouTube

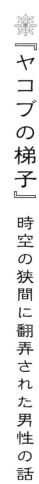

チャンネルで『ヤコブの梯子《はしご》』シリーズの動画として紹介し、大きな反響を得た（動画の制作に当たっては、ＢＴＴＰ氏のブログを参考にさせていただいた）。

この章では、その動画を再構成・文章化したものを収録する。また、章末には、物語の主人公・梯子氏から直接聞いた「後日談」や、現在の私の考え方も加えた。

もし、自分がとる行動が、これからの世界の運命を左右する重要なターニングポイントになっていたとしたら……。

エピソード１「岡田」

都内に住む26歳の青年が、ネット掲示板2ちゃんねるに書き込みを入れてきたのは、２００８年9月22日のことだった。ここでは彼を「梯子」と呼ぶ。後にスレッドの住人からそう呼ばれるようになったからだ。

ある雨の夜、居酒屋で友人たちと飲んだ梯子は、自宅に帰る途中、一人コンビニに立ち寄る。タバコとスポーツドリンクを買って外に出ると、雨脚が強くなり、しばらくタバコを吸いながら、コンビニの軒先で雨が小降りになるのを待っていた。

ふと気づくと、俳優の岡田眞澄に似た初老のスーツ姿の男性が、こちらを見つめて立っている。以後、この男性を「岡田」と呼ぶ（梯子と同じようにネット上で呼ばれていた愛称だ）。

「雨が強いですね、台風が近づいているせいでしょうか」

スーツの男性のやわらかい雰囲気につられて、梯子は世間話を始めていた。ついつい警戒心を解いてしまい、梯子は自分の身の上話までしてしまった。

「梯子の両親は中学時代に他界した」「その後は叔父の家で世話になった」「大学卒業後、就職のために上京した」「職場でのトラブルで会社を辞め、現在はフリーター」「大学院進学を目指して勉強している」……そんな話をしていると、梯子が呼んだタクシーがコンビニに到着した。

突然、男性が奇妙なことを言ってきた。

「君はどんなに勉強して試験に通っても、大学院には戻らないだろう。今アルバイトしている会社は、2年後になくなる。２００９年1月2日の13時43分、S区の神社で、ある女性と必ず会いなさい」

意味を飲み込めずにいる梯子がタクシーに乗り込もうとすると、男性はメモ用紙と小さなケースを強引に手渡した。

自宅アパートに戻った梯子は、手渡された物を確認する。小さなケースの中にはピアスが入っていた。メモ用紙には、２００９年1月2日に神社で女性に会う件と、暗号めいた言葉がいろいろと書かれていた。

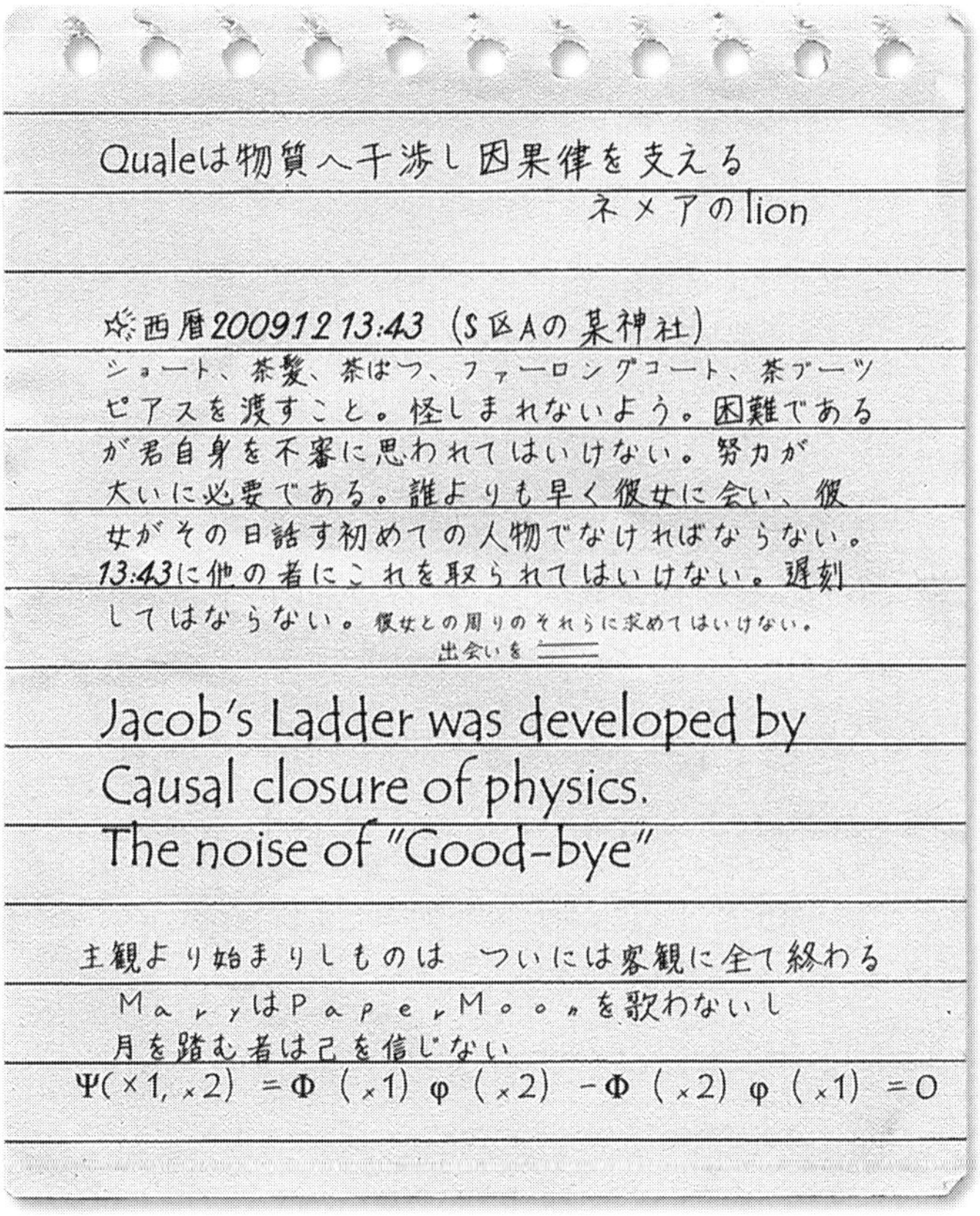

Qualeは物質へ干渉し因果律を支える
ネメアのlion

☆西暦2009.12 13:43（S区Aの某神社）
ショート、茶髪、茶ばつ、ファーロングコート、茶ブーツ
ピアスを渡すこと。怪しまれないよう。困難であるが君自身を不審に思われてはいけない。努力が大いに必要である。誰よりも早く彼女に会い、彼女がその日話す初めての人物でなければならない。13:43に他の者にこれを取られてはいけない。遅刻してはならない。彼女との周りのそれらに求めてはいけない。
出会いを

Jacob's Ladder was developed by
Causal closure of physics.
The noise of "Good-bye"

主観より始まりしものは　ついには客観に全て終わる
MaryはPaperMoonを歌わないし
月を踏む者は己を信じない

$\Psi(x1, x2) = \Phi(x1)\varphi(x2) - \Phi(x2)\varphi(x1) = 0$

君の他の二人は
補欠でしかない

2009年1月2日 13:43
（S区Aの某神社）境内で彼女と接触すること。
服装→彼女はファーのついたベージュロングコートカシミア
に茶色がかった赤のヒールが高いロングブーツを履いている。
ピアスを渡し、縁を絡ませなければならない。確立した
場合には2009年、日本人のお盆に君は帰省してはいけ
ない。失敗したならば好きにしてよい。妹さんはうまく
やっているだろうが、一年後の今日までに叔母さんを精密
検査へ連れていく必要がある。その時に妹さんと君は必
ず帰省していなければならない。彼女との周りのそれらに求
めてはいけない。

Certa amittim dum incerta pctimus.
Veriamici rari.

信じなさい：君の友と君自身を。
未来も過去も現在も全て同じ板の上にある。
彼女のために君が存在しているのであって、
本来ならば彼女にとっては誰でもいいのだから。
しかし君と出会うことがよりよい方向への第一歩だろう。

《妹さんはおじさんとおばさんとうまくやっているが、おばさんは1年後に精密な検査をうけなければいけない。そのときには妹さんといっしょに、必ずおじさんの家にいるように》

意味のわからないことばかり書かれていたが、この一文が梯子を驚かせた。叔父のことは多少話したが、叔母や妹のことは何も話していなかった。なぜそれがメモに書かれていたのか。

あまりの不気味さに居ても立っても居られない。誰に相談すればいいのかもわからず、ついに2ちゃんねるに、その夜起こった出来事をそのまま書き込んだのだった。

「不思議な話」を好む人は多い。梯子の書き込んだ2ちゃんねるのスレッドにはいろいろなレスがついていく。その中に、異彩を放つものがあった。

これ以上はやめていただけないでしょうか。あなたが体験した話は、あなた自身で結果を確かめてください。ここでそのほか一般の方々に話をしても、なんの解決にもなりませんよ。またネメアは少しでもズレると、修正が効きません。今はまだ特に影響が出ることはないでしょうから、この段階でおさめてください。人にはそれぞれ役割というものがあります。あなたは、あなたの役割を果たすことだけを考えてください。

お気持ちはお察しします。混乱されて当然だとは思いますが、今は従ってください。必ず、必ず全てを理解できるときが来ますから。そんなに遠い話ではありません。彼女

と出会ってさえくれれば。私もあくまで役割を果たしているに過ぎず、全体の一部でしかない。しかし、一部が不良を起こしてしまえば、全体がダメになる。あなたが彼と出会ったのは偶然です。が、役割を与えられたのは必然なのです。とにかく、今は「そのとき」を待ってください。

真偽は確かめようもないが、梯子はこのいかにも何か知っていそうな謎めいたレスに飛びついた。思い切ってメモとピアスの写真を掲示板にアップしたのだ。

メモの全文が公開されたことで、掲示板の住人たちの関心はより高まった。このストーリーは、掲示板の住人を巻き込んで展開していくことになったのだ。

掲示板の住人たちは、あたかも共同研究のように協力してこのメモの「暗号」を解読していった。まずははじめの「Qualeは物質へ干渉し因果律を支える」である。「Quale」は、「クオリア」のことだろう。クオリアは脳科学の用語で、主観的な経験・質感などのこと。例えば、晴れた空を見たとき「青く感じる」としたら、その「感じ」のことを言う。よって「Qualeは物質へ干渉し因果律を支える」は、「思考が現実に影響を与える」といった意味だろうという説でまとまった。「ネメアのlion」は、ギリシャ神話のヘラクレスに退治されたネメアの獅子のこと。「第1の試練」を意味する。

「Jacob's Ladder was developed by Causal closure of physics.」の「Jacob's Ladder」は、旧約聖書に出てくる「ヤコブの梯子」だ。ヤコブは、相続権争いで兄に追われて逃げているとき、天に続く梯子を天使が上り下りする夢を見て、「この土地をお前に与え、お前を守ろう」という神の声を聞いた。一般的には、「この世とあの世をつなぐもの」の象徴とされる。「Jacob's Ladder was developed by Causal closure of physics.」を訳すと、「ヤコブの梯子は、物理的領域の因果的閉包性によって開発された」となる。「物理的領域の因果的閉包性」とは、「どんな物理現象も、物理現象以外には原因を持たない」と言い換えることもできるが、これが何を意味するかは意見が分かれた。素直に受け取れば、「この世とあの世をつなぐとされるヤコブの梯子だが、空間・時間といった物理現象の法則の範囲内で人類によって開発されたものだ」となる。

次に書かれた数式「$\Psi(\times 1, x2) = \Phi(x1)\phi(x2) - \Phi(x2)\phi(x1) = 0$」を考え合わせると、そのメッセージに一つの方向性が見えてくる。これは、量子力学に出てくる「パウリの排他原理」を表す式として知られるもので、二つ以上の電子のようなフェルミ粒子は、同一の量子状態を占めることができないというものらしい。先述の「物理的領域の因果的閉包性」と合わせると、「私たちが実現している『世界』は、いろいろな可能性を持っている中から一つだけ選択されたものだ。それは量子力学の法則と変わらない」という意味かもしれない。

「ヤコブの梯子」が何を意味するのかには、スレッド住人の関心が集まった。この物語の主人公が「梯子」のニックネームで呼ばれるようになったのは、それに由来する。

エピソード2　迷子の少年と「ドト子」

こうして梯子のリアルな生活は、ネットの住人たちの関心とともに進んでいく。

謎だらけのメモではあったが、「1月2日に神社で女性に会え」と指示する文面は非常に明確だった。

《2009年1月2日の13時43分（S区Aの某神社）境内で彼女と接触すること。服装は、彼女はファーのついたベージュのロングコート、カシミアに、茶色がかった赤のヒールが高いロ

ングブーツを履いている。ピアスを渡し、縁をからませなければならない》

約束の1月2日までは、まだ3ヶ月以上もあったので、梯子は岡田や、ピアスについて調べた。あのコンビニの店員に聞いたところ、岡田を覚えていて、少なくともあと1回来店していた。2回目は、孫らしい子どもを連れていたという。

久しぶりにアルバイトに行き、帰りが遅くなった夜のこと。梯子は家につくまであと数百メートルという道路で、小学校低学年ぐらいの少年に出会う。22時を過ぎていた。迷子になったのだと思った梯子は、男の子に声をかけた。

「お父さんやお母さんは？」との問いに対し、「わからない」と返す少年。梯子は近くの交番に連れていった。警察官に事情を説明し、その子は無事に保護され、梯子は帰宅した。

翌日、昼過ぎに警察からの電話で「男の子の保護者が無事見つかった」という報告があった。また、梯子に借りていたものを返したいので取りに来てほしいとのことだった。

子どもにマフラーを貸していたことを思い出した梯子が交番に行くと、マフラーだけではなく、首から下げるタイプのネームホルダーを渡された。これは自分のものではないと返そうとすると、警察官がおかしなことを言った。

「そこに写っているのは、あなたですよね」

ネームホルダーに挟まれた写真には、成人した梯子と妹、そして梯子が中学生のときに亡くなったはずの父と母の4人が写っていた。写真の裏には「諏訪で」と書いてある。

梯子は諏訪に行ったことがなかった。合成写真かと疑ったが、写真に不自然なところはなかった。両親は亡くなったときよりも歳《とし》をとっていた。

その数日後、街を歩いていた梯子は、ふいに後ろから名前を呼ばれる。振り向くと、スーツ姿の綺麗な女性が立っていた。年齢は梯子と同世代くらいか、肩からジュラルミンケースのようなバッグを下げている。

「どうして私のことを知っているのですか？」

見覚えのない女性にたずねると、少し悲しそうな顔をして言った。

「あなたは、私と初対面ですが、私はあなたのことをよく知っています」

宗教の勧誘か、それとも岡田の仲間か。おかしなことが続きナーバスになっていたこともあり、梯子は声を荒げた。

「悪趣味な写真を渡したのも、あなたたちの仕業《しわざ》ですか！」

「今起きていることを説明したいから、喫茶店に行きましょう」

梯子はためらいがあったものの、少しでも情報が欲しいという気持ちが勝ち、二人で近くのドトールコーヒーに入った。以後、スーツの女性を「ドト子」と呼ぶ（ドトールコーヒーの女性から。「梯子」「岡田」同様、掲示板でついたニックネームだ）。

ドト子は店に入ると、注文もせずに席についた。梯子が不思議に思って見ていると、不安げな顔で戻ってきて、「なぜ席に座らないんですか？」とたずねた。

梯子が「注文しないんですか？」と聞いても、ドト子は不思議そうな表情を浮かべるばかりなので、梯子はコーヒーを二つ買って席に座った。

「寒いってすごいですね！」11月という季節には合わない夏物のスーツを着たドト子が、あまり聞いたことのないフレーズを発した。

ドト子はコーヒーを一口飲むと、写真を見せて欲しいと言った。梯子は妹も写っている写真を、見ず知らずの人に見せたくなかった。

「まず、そちらから知っていることを話してください」

ドト子は、梯子の今朝からの行動、会社に出社して早退し、銀行に寄って女性に出会うまでを、見ていたかのように話した。

「じゃあ、あなたはずっと後をつけていたのですか？」

「いいえ、『可能性』の問題です」

梯子は意味がわからず、宗教の勧誘だと決めつけた。

「あなたの信仰しているものに、興味はないです」

「宗教じゃありません。でも、あなたに接触した人たちは、ある種狂信的な考えのグループです」

ドト子は、岡田は狂信的なグループの一員だと言ってきた。そして、「写真にはありえないはずの光景が写っていたはず」とも言った。確かに亡くなったはずの両親が歳をとって写っていた、ありえない写真だった。

「写真以外にも、『ある日時と場所で誰かに会え』と指示されたりしませんでしたか？　そして物質的なものを渡されませんでしたか？」

岡田との接触内容を言い当てられ、梯子は驚いた。しかし自分でその内容を掲示板に書き込んだのを思い出した。

「あなたは、2ちゃんねるの書き込みを見たんですか？」

「いいえ。私はネット掲示板に直接アクセスすることはできません。あくまでも可能性から推測したまでです」

ドト子は、梯子の性格から掲示板で相談することもわかっていたと言う。

「あなたは未来人ですか？　もしそうなら、僕はターミネーターの主人公ですね」

梯子がふざけてそう返すと、ドト子はまじめな顔でこう言った。

「未来も過去も現在も、自分という意識を座標の中心にすえた場合の考え方で、実際は存在していません。本当に存在しているのは数え切れないほどの、同時多発的な可能性だけです。今この瞬間にも、15歳のあなたや40歳のあなたが存在しています。それはパラレルワールドや異世界のようなものではありません。可能性が一つの方向にうねって集まり、大きな流れを生み出し、それが、人間が『歴史』とか『時間の流れ』と呼んでいるものになるのです。厳密に言えば、過去や未来を変えることはできません」

エピソード3　「停点理論」

「同時多発的な可能性とは何ですか？」梯子はなおも問いかけた。

「それが『停点』です」

ドト子が語った「停点理論」をまとめると以下のようになる。

「停点」とは、現代の世界ではまだ発見されてない概念である。「世界は映画のフィルムやアニメのセル画のようなもので成り立っている」……簡単に表現するならそれに近い。映画のフィルムは1枚1枚の静止画を組み合わせることで絵が動いているように見えるが、1枚だけでは動かない。しかし、選択されなくてもその1枚は「停点」として存在している。

死んだはずの両親が写っていた例の写真は、まさに一つの可能性の停点から引っ張ってきたものだ。停点は物質として存在しているわけではなく、あくまでも可能性の世界で、物質として存在するためには、気が遠くなるような過程が必要になる。停点が停点でなくなったとき、膨大なエネルギーが発生するのだ。

「写真のほかに渡されたもの、メモやピアスが存在することの意味がわかりますか？」

ドト子が質問したが、梯子の頭は混乱しており、即座に答えることはできなかった。

「それらが停点という可能性ではなく、物質としてこの世界に現れたからです」

なぜあり得ない可能性の世界なのに、物質化したものが出てきたのか。

「そうやって停点だったものを現実にできるのなら、過去や未来も変えられるんじゃないですか？」梯子は疑問に思い、たずねた。

この疑問に対して、ドト子は次のように説明した。

この宇宙が誕生したとき、私たちは歴史や時間の流れと呼ぶものの編集は完了した。だから、過去や未来を変えることはできない。宇宙が始まったときにできた無限の数の停点の中で、ある停点どうしをつないだ線が「時間の流れ」。でもこの時間の流れは、彼女の世界でも詳しくわかっておらず、科学者たちは「クロノスの不在」と呼んでいる。選ばれなかった停点でも時間の流れは作れる。しかしそれは途切れ途切れの偽物で、余ったフィルムで作った起承転結のないできそこないの映画のようなもの。始まりと終わりははっきりしているが、永遠に完成しない世界である。

聞いていた梯子はすぐには理解できず、黙ったまま考え込んでいた。

「本当はこういうことがバレたらクビなんですけれど……」

ドト子はそう言うと、ポケットから、プレパラートを大きくしたようなガラスの板と、鋭い針のようなものを取り出した。次に針でガラス板をつつくと、板が2枚に分かれた。

「ちょっと調子が悪いんです」

ドト子が言う。梯子の耳に激しい耳鳴りのような「キーン」という音が響いた。

頭が「ぐわん」と1回大きく揺さぶられ、視界が何重にも重なって見える……。気がつくといままで混雑していた周囲が静寂につつまれていた。ドトールの店内には、梯子とドト子しかいない。

パニックになった梯子が思わず立ち上がろうとした瞬間、再び店内に元の喧噪が戻った。

「おわかりになりました？」

「何をしたんですか！」

「あれも選ばれなかった一つの可能性です。このコーヒーショップには誰もいない可能性もあります。停点は無限に存在し、文字が1字違ったり、空気中の粒子が一つだけ違ったりしている停点もあります。意識をもった生命、例えば植物や動物のような高度な意識を持たないものまで数えれば、きりがありません。だから、生命のいないシンプルな場所は、比較的探しやすいのです」

梯子が落ち着くのを待って、ドト子は自分のいた世界の話をしはじめた。先ほどの例で言うところの「あまったフィルムで作った偽物の世界」に迷い込む人がいて、行方不明者となっていること。地球外生命体はまだ見つかっていないが、応答のようなものはあったこと。オーストラリアで羽の生えた人間が生まれたこと。地震は90％の確率で予測できること。ある大国が、巨額の予算を注ぎ込んで戦闘用の巨大ロボットを作ったが役に立たず国が傾きかけたこと……。

「あなたは、やはり未来の世界から来たのですか？」

「そんなに単純ではないです」

ドト子が「一つだけ確かなこと」と強調したのが、先ほど説明した停点の研究においてターニングポイントがあったことだ。それがメモに書かれていた2009年1月2日という時間と、S区Aの某神社という場所だった。

その日その場所で、ブーツの女性は「ある人物」に出会うことになっており、彼女がその人に出会ったことがきっかけとなって（その後巡り巡って）、あるドイツの青年が停点の理論を発見する。つまり、ブーツの彼女が神社でその人に出会わなければ、停点理論は発見されないか、発見されるとしてもその時期が相当遅くなるということなのだ。

岡田のグループ（掲示板では「岡田派」と呼ばれた）は、その「ある人物」の代わりに梯子をブーツの女性に会わせることで、停点理論の発見をないものにしようとしていると。

もともとある1本の長い世界線が途中で切られ、彼らの都合のいいように編集された世界線とつなげられる。それによって、本来であれば飛躍的に進むはずの技術が停滞し、人類が防げたはずの災いに苦しむことになる。

ドト子のいた世界は、優しい世界だと言った。小さな戦争は起こるものの、無関係な人が巻き込まれることはほとんどない。第三次世界大戦のような大きな戦争は起こらず、核兵器が人に向けて使われることもない。もっと恐ろしい兵器が開発されるが、抑止力が働いてむしろ平和のために役立てられると言う。

「停点理論が発見されなければ、平和な未来が変わってしまうんですか？」

「未来が変わるという言い方は正確ではありません。世界が変わるのです。ですから2009年1月2日に、神社でブーツの女性と出会うのをやめてほしいのです」

ドト子からそう頼まれたとき、梯子は迷っていた。その理由は、亡くなったはずの両親が写ったあの写真にあった。梯子は、両親が生きている世界線を望んでいたのだ。

「あの写真のように、進んだ世界もあるのですか？」

「停点が無限に存在している以上、もちろんそんな世界もあります。でも、それは正しい世界ではありません。あなたの両親が亡くなったことも、決められた流れの中の一つです」

岡田派が停点の発見を阻止するには、人の手でピンポイントの時間と場所を狙って改変する必要がある。そのために岡田派は、ブーツの女性に対して自分たちの都合のいい影響を与えるのに都合のいい人物として梯子を選び、接触してたのだとドト子は言った。梯子が不遇をかこってきたことが「選ばれた理由」だろうと。

ドト子の説明を聞いた梯子は怒っていた。

「じゃあ、僕の望む世界があるんですね」

「いいえ、それは違います！　世界は一つなんです。パラレルワールドなんて、存在しません」

「でも岡田派の言う通りにすれば、あの写真のようなことが望めるんでしょう？　しかも世界が一つしかないのなら、それが正しいことになるんでしょう？」

「ありえない……。あなたは何もわかってない。あなたたちが過去と呼んでいるものは、変えられません。編集をねじ曲げても、それは選ばれなかった可能性をつなぎ合わせた偽の世界で、そこには不安と、恐怖と、暴力が待っているだけです」

梯子の願いは、妹に両親の顔を見せてあげたい、惨めな思いを全部なかったことにしたいということだった。自分の作った下手な料理ではなく、母のおいしいご飯を食べさせたい。梯子が行ったことで恥ずかしい思いをさせた授業参観、子犬を飼いたいという願いをかなえてあげられなかったこと、参加できなかった遠足……。妹はがまんして、ふがいない兄のために笑顔でいてくれた。そんな兄妹の人生を「不遇」のひとことで片づけるドト子が許せなかった。もしも、あの写真のように、両親と幸せに暮らせる世界があるのなら……。

「僕は、世界の平和とか知りません！」

梯子はドト子にそう言い放ち、席を立った。

「あなたは犯罪者に加担するんですか！　どうして今の現実を受け入れられないんですか！」

「過去も、未来も、今もないと言ったのは、あなたですよ」

梯子は店を出た。ドト子は後を追いかけながら言った。

「聞いてくれそうだから、説得という手段を選んだのに……。それなら違う手段もありました」

「好きにすればいい。今までの記憶を消せるなら、むしろ今すぐ消してください」

ドト子はしばらく梯子の後を追いかけて説得を続けたが、

「もういいです」

とつぶやくと、その場から忽然《こつぜん》と姿を消した。

エピソード4　取り返しのつかない選択

「何もかも解決すれば、今起こっている不思議な出来事の記憶が少しずつ消えていき、日常にもどります」というドト子の言葉が気になった梯子は、2ちゃんねるへの書き込みを続け、痕跡を残そうとした。

「ネット掲示板への書き込みは、特に害はないです。どうせ、本気で信じて行動を起こす人はいませんから」ドト子はそう言ったが、岡田派からその後2回ほど梯子に接触があった。

「ネットに書き込むな」

「君が神社に行かなければ、妹はひどい目に遭うだろう」

梯子は妹の身の危険を案じて、岡田派のことを警察に相談したが、妹には何も話さなかった。例の写真も見せていない。

この時点において梯子は、岡田派に従い1月2日に神社に行こうと思っていた。神社に行くということは、ドト子の言っていた平和な世界へと導く停点理論の可能性を消すことを意味する。それはすなわち、世界の平和よりも個人の願いを優先させたとして、妹にも業を背負わせてしまうのではないか……。梯子はそれが怖くて、妹に打ち明けられずにいた。

神社でブーツの女性と会うことに成功したら、梯子は妹の前から姿を消すつもりだった。梯子の願いがかなったら妹は少しずつ梯子と過ごした日々を忘れていく……岡田派からはそう言われていた。梯子も、妹と過ごした日々を忘れていくことになるが、それは妹に比べれば格段に遅いという。それは、梯子にとってはつらいことになるだろう。

岡田派は、妹にも梯子にも別々に帰る場所ができると言った。妹は両親と暮らす代わりに、梯子と兄妹だったという記憶が消え、梯子は別に家族ができると。

そんなとき、掲示板の住人からはこんな意見が飛び交った。

「それって本当に妹が望んだこと？」

「妹の幸せは、妹自身が決めるべきなんじゃない？」

「妹さんにとって、梯子は大切な家族でしょう。何で離れなきゃいけないの？」

それを見て梯子も気がつく。

「妹が本当に望むものって、何だろう……？」

梯子は今まで起こった不思議な出来事を、妹に全て話した。黙って聞いていた妹だが、梯子の頭がおかしくなったと、ついに泣き出してしまう。例の写真を見せたり、何度も状況を説明したりして、やっと信じてもらえた。

妹が望む幸せと、梯子が思う幸せは、やはり食い違っていた。梯子は両親のことで妹に負い目があった。普通とは言いがたい家庭環境で育つ中で、妹を幸せにしなければ、妹は幸せでなければ……と勝手に思い込んでいたのだった。

「ねじ曲げられた未来なんかいらない。今まで過ごしてきた日々は幸せだった」

これが、妹の返事だった。梯子が描いた妹の「幸せな世界」は、梯子のエゴでしかなかった。

「こんなことなら、ドト子の話をもっと聞くべきだった」今の暮らしが何より幸せだと気づいた梯子は、そう後悔した。

それからしばらくして、梯子の気持ちを察したかのように、ドト子が再び梯子の前に姿を現した。駅の構内で突然誰かに肩を叩かれ、振り向くとドト子が立っていたのだ。

「それで、神社には行くんですか？」

神社に行かなければ、妹の身に何かあるかもしれない。でも行けば、妹が「そんなのはいらない」と言った世界になってしまう……。

「正直どうしていいかわかりません」

「行かないのなら、妹さんもあなたも私たちが全力で守ります。行くのなら、ピアスは持っていかないでください。女性を見かけても絶対に声をかけないでください。岡田派たちは、すでに次の候補に接触している可能性があります。それも阻止しなければいけません。もちろん協力はしますが、最終的には妹さんもあなたも、ご自身で守ってください」

「なぜあなたや岡田派の人たちは、ブーツの女性と直接会わないんですか?」

「その訳はお答えできません。察してください……」

梯子は悩んだ末、妹といっしょに神社に行くと決めた。会うのではなく、世界の運命のカギとなるブーツの女性とはどんな人なのか、行って見届けるだけだ。

梯子は、ピアスをドト子に渡すつもりだったが、このときピアスやメモは手元になかった。鑑定してもらうために、知り合いに渡していたのだ。その知り合いは、筆跡からどんな人物像かをプロファイルできたのだ。しかし、これが梯子を窮地に追いやるとは、このときは思ってもいなかった。

「岡田派はあなたが上手くことを運べなかったとき、次の候補と接触するでしょう」

以前ドト子はそう言っていたが、この鑑定を依頼した知り合いこそが、梯子の代わりとなる候補者だった。岡田派から指示を受け、ブーツの女性に会い、ピアスを渡そうとしていたのだ。

それを知った梯子は、彼がブーツの女性に会うのをなんとか阻止しようと、指示された時間「13時43分」の前に、一人で神社に行くと決意する。妹の身の危険を案じて、彼女を家に残し、念のため友人にそばにいてもらうことにした。

そしていよいよ、その日がやってきた。梯子が神社に着いたのは、13時35分。それから、走りながら必死でブーツの女性らしき人物を探し、見つけたのが13時40分。

「しまった!」

彼女の前には、すでに知り合いが立っていた。彼は女性にピアスを渡すと、梯子が岡田派から伝えられていた言葉を彼女に言った（その言葉が何だったかは、ついに掲示板に明かされることはなかった）。

梯子はブーツの女性と知り合いの間に割り込むが、時すでに遅し。女性は不審そうな表情になり、その場から立ち去ってしまった。

「これで自分の望みがかなう」

知り合いはニヤニヤ笑いながら、梯子にそう告げた。

その瞬間、梯子と知り合いは、二人の他には誰もいない空間にいた。そこに岡田派の一員が現れ、何か話をしたような……。

気がつくと、梯子は自分のアパートの前に一人立っていた。今にも発狂しそうな様子で自宅に戻った。

「最後の頼みの綱は、ドト子だけだ」

その夜、梯子は掲示板に、今の絶望している気持ちを書き込んだ。

「みんなに知ってほしいから、話します」

そこから今まで秘密にしていたことを語り始めた。

私が一番つらかったのは、知り合いに裏切られた以上に、自分のせいで不幸な世界になってしまうことでした。知り合いの暴走を防ぐことができず、ブーツの女性が会うべき人と会えなくなり、停点理論は発見されない。ドト子の言っていた平和な優しい世界は、もう二度とやってこない。

知り合いが岡田派に何を望んだのか、はっきりとはわかりませんが、おそらくある天災を、なかったことにしたかったのだろうと思います。

その後の噂では、知り合いは海外に行ったことになっています。しかし知り合いの記憶は、私にもまわりの人たちにも残っています。ドト子が言っていた「記憶が消えていく」というのは嘘だったのでしょうか。あるいは、少し時間がかかるのでしょうか。

ブーツの女性が、会うべき人に会えなかったとき、つまり今回のように岡田派のたくらみが成功したとき、世界はどうなるのでしょうか?

ドト子によれば、ブーツの女性が本来会うべきだったのは、ある男性でした。ブーツの女性がその男性と出会えなかった場合、ごく普通の平凡な人生を歩むのだそうです。

けれども、彼女はその男性と出会うことで、大変な生みの苦しみを味わうことになっていました。彼女が味わう苦悩や困難が、数多くの英雄や天才を生むきっかけになるはずだったのです。

ドト子によると、メモに書かれていた「Mary はPaper Moon……」の「月を踏む者」とは、「黙示録のマリア」を暗示しているとのことです。黙示録のマリアとは、ヨハネの黙示録に出てくる、太陽をまとい、月を踏み、星の冠をかぶった天の女王で、黙示録のマリアも子を身ごもり、その子を産む痛みと苦しみのために叫ぶと書かれています。

ブーツの女性の苦しみが、やがてドイツの青年の停点理論の発見につながっていくのです。けれども、彼女が平凡な人生を送ることになると、停点理論は発見されず、世界は停点の存在に気づかないまま進んでいくことになります。

それでも、いずれそれに似た理論は生まれ、岡田派はその世界にいたそうです。彼らは今回の成功で、本来の世界とは切り離された世界から、彼らのもつ停点理論を使って、元の世界に干渉しようとしているのです。

梯子は、ドト子や岡田派たちがブーツの女性に直接接触できない理由も掲示板で明かした。

ドト子と岡田派は、どちらもブーツの女性と面識がありました。彼女が幼い頃から、ずっと二つの組織は女性のまわりにいて、このピンポイントの時を待っていたのでした。

岡田派の最終的な目的は定かではありません。が、切り離された世界から干渉して岡田派がしようとしていたのは、結果的に「史上最大のホロコースト」になるのだそうです。ドト子によれば、民族主義をかかげたいくつもの戦火が次第に広がり、ナチスがたくさんのユダヤ人を虐殺した、ホロコーストのようなジェノサイド、つまり国家あるいは民族の、計画的な破壊が行われるのだそうです。

それは「サイレントボックス」と呼ばれるものだと言う。サイレントボックスの原義は、音が外側に漏れないように、スピーカーとマイクを一つに収めて密閉した録音用の箱のことだ。しかし、梯子はサイレントボックスの具体的な内容を明かしていない。

梯子はメモにあった、Jacob's Ladder（ヤコブの梯子）についても説明している。

始まりも終わりもない、一本の歴史と並行して、世界とも歴史とも呼べないただの停点のつながりがあります。もちろんそれには、始まりも終わりもあります。そこに何本か直角に道を作ると、梯子のように見えます。それがJacob's Ladderです。

本来の世界、いわば「本流」と、岡田派の策略でできた「切り離された偽りの世界」とをつなぐ、かけ橋のようなもの。物理学でいう「アインシュタイン・ローゼン・ブリッジ」、ワームホールのようなものだと。

ここまでの情報からヤコブの梯子について、次のような私なりの解釈を加えたい。

Ladderは上り下りに使う道具「梯子」の意味だが、「あみだくじ」を表すladder lotteryでも使われる単語だ。ご存じの通り、あみだくじは縦と横につながる選択の中で、ただ一つの道を選んで進む。可能性の世界はあっても、選択された物質世界は一つである。ゲームとしてのあみだくじには、上から下へと進む、分かれ道では曲がらなければならないというルールがあるが、上り下りが自由で、分かれ道での選択も自由な「あみだくじ状のもの」がヤコブの梯子なのだろう。

あらためて振り返ると、SF小説のような荒唐無稽な話だが、掲示板には実際に神社に行き、梯子やブーツの女性を見たという書き込みがいくつかあった。神社は、東京都杉並区阿佐ヶ谷にある阿佐ヶ谷神明宮と特定され、梯子も認めた。もし、これらの書き込みが全て仕組まれたことなら、壮大な釣りということになるが……。

この日を境に、梯子の書き込みはぱたりと止んだ。そして、事態は思わぬ方向へと展開していったのだ。

エピソード5　二つの世界線

神社での出来事から10日ほど経った2009年1月14日。2ちゃんねるのスレッドに意外な人物からの書き込みがあった。それは梯子の妹からだった。

妹によると、梯子はあれからずっと体調を崩して寝込んでいると言う。梯子はちょっと具合が良くなると、しきりに掲示板のことを気にしていたそうだ。

妹は梯子のパソコンからこっそり掲示板に書き込んだと言うが、突然現れた妹に掲示板の住人たちは疑いの目を向け、あの手この手で梯子の妹だという証拠を求めた。妹は、一つ一つの質問に素直に答え、その態度に住人のほとんどが最終的に本物の妹だと認めた。

妹によると、1月2日のあの日、本当は自分もいっしょに初詣に行くはずだったのに、前日に熱を出して連れていってもらえなかったとのことだった。

「1月2日以降、何か世界が変わったと感じる？」

「特に変わりはありません」

「亡くなったはずの両親が写った写真を見たときの気持ちは？」

「心臓が止まるくらいびっくりしました」

「年齢は？」

「今年で21歳です」

「梯子が直面している不可思議な体験を告白され、どう思った？」

「最初信じられなかったのですが、兄は私に嘘をついたことがなく、兄を信じています」

このようなやり取りがあった後、妹は最後に掲示板の住人に感謝を述べて去った。

それからしばらく経った春の夜、ついに梯子本人が、再び掲示板に現れてこう書き込んだ。

僕の姉は、どこへ行ったんでしょうか？

梯子によると、岡田派やドト子の記憶も全て残っているが、今まで姉だったはずの存在が、妹に変わってしまっていると言うのだ。梯子自身が、唯一の肉親は妹だけで、その妹を大事にしたい、幸せにしてあげたいと言っていたというのに……。

神社での一件以来、梯子自身の記憶がすり替わってしまったようだ。幼いときからずっと姉しかいなかったのに、いるはずの姉がいなくて、なぜか面影が似ている妹だけがいる——これが意味することは何か。姉がいた世界線から妹がいる世界線に、パラレルシフトしたのだろうか。梯子が言うには、おそらく神社に行ってから体調が悪くなり寝込んだ後、目を覚ましたときからではないかとのことだ。

「これが、ドト子の言っていた『未来ではなく、世界が変わる』ということなのか？」

梯子の頭は混乱するばかりで、現実を受け入れることができず、仕事もやめてしまった。「ドト子なら何か教えてくれるかもしれない」梯子は、自分だけが異質な空間に迷いこんだ感覚から離れられず、ただひたすらドト子との再会を待っていた。しかし、いくら待ってもドト子は現れない。この奇妙な状況に次第に慣れてきた自分がいる。それがまた梯子をつらい気持ちにさせた。

感情を抑えきれなくなった梯子は、その思いを掲示板にぶちまけ始めた。話してはダメだとドト子から釘を刺された「ドト子の世界での出来事」を、思い出せる限り書いたのだった。

・アメリカの大きな財団が崩壊する

・日本国内で宗教内紛があるが、そのきっかけは無血事件と呼ばれ、内紛自体も無血に終わる

・中国の政治家の台頭で、モンゴルの件が解決する

・エイズが不治の病でなくなる

・猿の細胞の研究で、今までの遺伝子解析がほぼ徒労に終わる

・豚インフルエンザ（２００９年に流行していた新型インフルエンザ）なんて序の口だ

さらに梯子は、決して口外してはならないと念を押された、ドト子の秘密を明かした。

・ドト子の名前は「ハラマオユミ」

（ハラが姓で、マオユミが名。男でも女でも通じるような名前が流行っているそうだ）

・岡田派のグループの通称は「ネクタール」

（反社会的集団なのに不二家の桃ジュースみたいな名前なので、覚えやすかった）
・ドト子に言わせると、われわれは標本であり、振り返る道
・いずれ、携帯が不要な時代が来る
・脳波と感情の測定が可能になり、特定の感情にプロテクトがかけられるが、犯罪者にはそのプロテクトが許されない

さらに、自暴自棄になった梯子は、自身が秘密にしていたことまでネット掲示板に書き込んだ。なぜ岡田派が梯子に目をつけたかだ。

それは、梯子の血縁から「最低最悪な犯罪者」が生まれたことが大きかった。史上最大のホロコーストを望む岡田派たちは、あえて最悪の遺伝子を持つ可能性がある梯子を、ブーツの女性に会わせようとしたのだ。それから停点理論をドイツの青年に発見させないようにし、似たような理論の発見のタイミングを、自分たちの都合のいいようにコントロールしようとした。

梯子は「姉に危害が及ばないこと」を前提に、ドト子の要求する条件を飲んだのだった。ドト子は、民間企業と政府機関を使って、必ず姉を守ると約束した。民間企業の名前は「エイチエム」。政府機関というのは今のＥＵのような組織だということだった。

梯子は、秘密をばらすことで、膠着した状態を打開し、ドト子と岡田派をあぶり出そうとした。

「ゲームの中で踊らされるのは、もうごめんだ」

そして次の言葉を残し、梯子は掲示板から消えた。

Disclaimer?（権利放棄?）
Disclaimer.（権利放棄）
Alteration.（変更）
done.（完了）
alteration?（変更?）
good bye :

ラストエピソード　「ゆんゆん」

梯子が掲示板から消えてから4日後の2009年5月25日のことだった。

「ゆんゆん」という人間離れした雰囲気の、態度の大きい奇妙な女性（らしき人物）が掲示板に書き込みをした。一部を紹介する。

愚劣な人間を見ると私の心は安らぐ

いくら年が経とうが、人は変わらないんだと確認できるから
梯子、さあお前はどうするー？
選択しないとまずいんじゃないのかなー
こうみえても心配してたりするんだなー
あまり信じてはもらえないけどさ

彼女は掲示板参加者たちに対して、禅問答のような不思議な謎かけを繰り返したりもした。

一つ問題を出そう。
昔あるところに、天涯孤独の身の上の子どもがいました
子どもはたった独りではありましたが、生まれたときからそうだったので、
別に悲しくも寂しくもありませんでした
ただその子は大きくなり、知恵がつくにつれて、変化に怯えるようになりました
自分が感じる幸せが、何も変わって欲しくなかったのです
そのために何かできないかと何でもしましたが、不安は拭えませんでした
その子は毎日毎日、嘆いて暮らしていました

あるとき、子どもは一人の魔女と出会いました
初めて出会う他人で、しかも魔女であったのに、
子どもは親切に優しく彼女をもてなすことができました
魔女は子どもに言いました
お礼に一つだけ願いをかなえてあげましょう
さて、子どもは何をお願いしたと思う？

ときにはドイツ語の書き込みもあった。

Ich frage Sie danach.（お尋ねします）
Wer bin ich?（私は誰？）
Wo ist Ihr Mut?（あなたの勇気はどこ？）

そうした散発的な書き込みが続いた後、ゆんゆんは次のような書き込みを最後に、掲示板から姿を消す。
それは２０１１年３月９日、東日本大震災が発生する２日前のことだった。

いや
今日はやめておこう
そのときが近づいているから
お前はお前のために時間をお使いね

ゆんゆんがネット掲示板から消えてから3年後の２０１４年4月13日。梯子が再び2ちゃんねるに現れる。

時節は到来しました
非難を覚悟で全てお話しします
これは、ある人との約束を果たすためでもあります
僕はきちんとこの物語を終わらせせなければなりません

梯子によると、その前の書き込みである「Disclaimer?」以下の謎の英語は、梯子自身が書いたものではなく、何者かが書き込んだとのことだった。以下梯子の投稿をもとにまとめる。

＊＊＊

「ゲームの中で踊らされるのは、もうごめんだ」と、最後の投稿を書いてエンターキーを押した瞬間、めまいがして、お腹の底にズンと重い石が落ちたように感じ、意識が途切れてしまいました。どれくらいの時間が経ったのでしょうか。気がつくと何かとてもいい匂いがして、目を覚ましました。匂いの元は味噌汁で、なぜかソファーの上で寝ていました。

ソファーから起き上がると、男の子が駆け寄ってきて「パパが起きたよ〜!」と笑ったのです。そうです。僕はこのとき、どこかの世界線の自分へとタイムリープしたようです。僕が目を覚ましたのは、気を失ってから19年後の、2028年夏のことでした。

目が覚めたとき軽い頭痛を感じましたが、記憶ははっきりしていました。そのときの自分は46歳。妻と高校生の長女、6歳の息子の4人暮らしでした。

その世界の僕は、大学を卒業して通信会社に入社。28歳のときに結婚して、2年後には長女が生まれました。40歳のときに長男が誕生。その世界には、姉どころか妹もいませんでした。ほかにも、両親が生きていたり、大学をちゃんと卒業していたり、身体的な特徴も違っていました。そして、ときどき起こる軽い頭痛と目まいに悩まされていました。

それから3ヶ月後、頭痛の原因を調べてもらおうと午後から有休を取り、都内の病院を予約しました。すると長女から、部活がなくなり高校が早く終わりそうだから、病院の帰りに迎えにきて欲しい、と連絡がありました。それで病院が長くかかると困るので、先に娘を迎えに行くことにしました。娘を待つ間、コーヒーでも飲もうと、自動販売機の前に車を止めました。

「あれ？　変だな」

飲み物を選んで電子マネーをかざしたけれども、カードが反応しません。当時は電子マネーが主流で、小銭は持ち合わせていませんでした。コンビニに行こうか迷っていると、背後に誰かの気配がしました。振り返ると、一人の若い女性が立っていました。肩までの黒い髪を斜めに分け、薄いピンクのセーターにジーンズ、年齢は長女と同じ高校生ぐらいに見えました。自販機の順番を待っているのかと思い「どうぞお先に」と言うと、女性は軽く頭を下げると、微笑みながらこう言ってその場を去っていきました。

「煙草、あなたは吸わないんですね」この言葉に奇妙な違和感を覚えたのですが、何のことかもわからずに車に戻ると、ワイパーに何かのメモが挟まっていました。

僕は、「さっきの若い女性が残していったにちがいない」と思いつつも、なぜかそのメモにデジャヴのようなものを感じ、捨てることができず、机の引き出しにしまっておきました。

その後、メモのことが気になり、1月2日に神社に行くことにしました。最初は家族4人で初詣に行くつもりでしたが、なぜだか事情ができて、結局僕一人で行くことになりました。

僕がS特区に行ってみると、A神社は、別の名前に変わっていました。「やはりメモはいたずらだったのか」と引き返そうとしましたが、もう少しで14時5分。せっかくなのでその神社にお参りをすませ、帰ろうとしたとき、ほどけた靴の紐が溝に引っかかってしまいました。しゃがんではずそうとしたその瞬間でした。

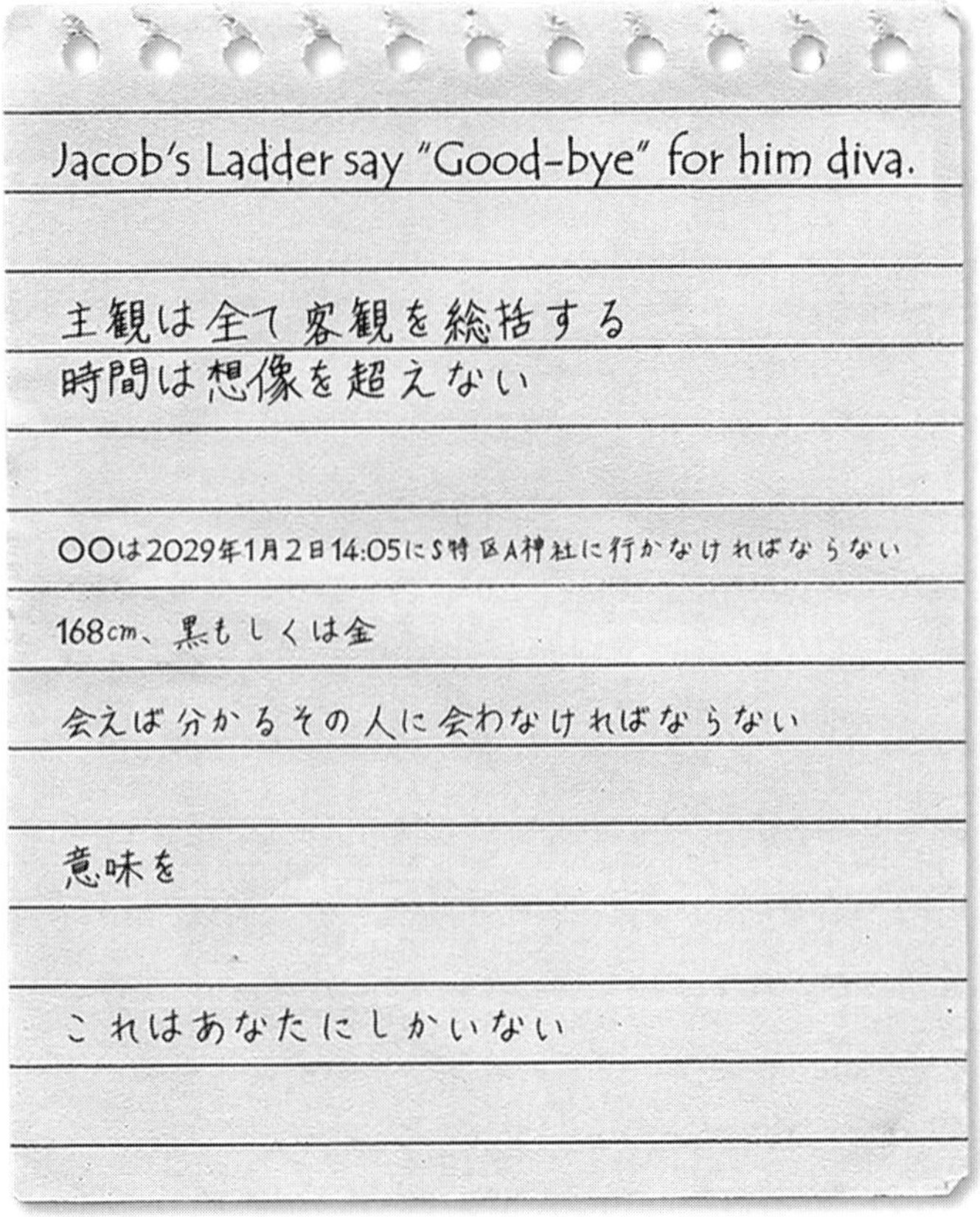

Jacob's Ladder say "Good-bye" for him diva.

主観は全て客観を総括する
時間は想像を超えない

○○は2029年1月2日14:05にS特区A神社に行かなければならない

168cm、黒もしくは金

会えば分かるその人に会わなければならない

意味を

これはあなたにしかいない

この画像は、このときの記憶を元に梯子自身が再現したもの。
S特区A神社の箇所には具体的な神社名が記されている。

突然周囲の人たちのざわめきが消えたのです。１月２日の神社は、たくさんの参拝客でにぎわっていたのに、誰もいないのです。

呆然と立ちつくしていると、後ろから肩をたたかれました。振り返ると、衝撃的に美しい女性が立っていました。まるで、映画の世界から抜け出したヒロインのようでした。まぶしく輝くオーラを放っていて、見とれている僕に、女性はこう言い放ちました。

「なるほど、お前はこういう女と出会えるかもと期待して、ここに来たわけだ」

我に返った僕は、自分の置かれている状況が怖くなり、誰かいないかと神社の境内を走り回りました。女性は黙ってその様子を眺めていました。気が動転した僕は、その場から離れようと、駐車場の車に戻り、エンジンをかけようとしましたが、かかりません。

すると、突然さっきの女性が助手席に現れました。僕は奇声をあげてしまいました。

車のドアを開けて逃げようとしたのですが、開きません。どうしようもなくなった僕は、女性に尋ねました。

「この状況は、どういうことですか？」

「今、幸せか？」

言っている意味がわからず、僕はハンドルに顔をうずめていました。すると、どうしようもない怒りと絶望感が胸にこみ上げ、涙が溢れてきました。

そして同じような感覚を、いつかどこかで味わったことを、思い出しました。そのときの記憶の断片は、なぜか、自動販売機の前で会った若い女性の顔とつながっていました。彼女に感じた違和感は、何だったのか？　知っているようで知らない。でも、懐かしい感覚……。

吐き気と頭痛が襲ってきてうずくまる僕に、助手席の女性は質問を続けました。

「今、幸せか？　幸せと言い切れるのか？」

「日常の中に異物感を感じたことはないか？」

「カラーの世界に紛れ込んだ、モノクロの景色のような、一瞬の違和感を覚えたことはないか？」

いっそう激しくなった吐き気と頭痛の中、頭をあげると、周囲には喧噪と人混みが戻っていました。

「僕は、どうなってしまったんですか？」

「夢を見ている。数限りない可能性の中から、こうありたかったと自分で編集した、小さな世界にのぞんでいる」

「それでいい。たとえこれが、1分前に始まった世界だとしても、ここで生き、死に、終わりたい」

僕がこう言うと、もう46歳ではなく、20代の自分に戻っていました。

「何を望もうと、自分のやることをやるだけだ」

女性は顔になんの感情も浮かべず、そう言いました。

「あなたは誰だ？　ドト子や岡田派の仲間か？」

「それも、どうだっていいことだろう。人は厄介な生き物で、嫌になる。頭も、心も、体も、嘘をつく。しかも、そのことに気づいて生きる者は少ない。一つだけ、私からプレゼントをあげよう。魂で考えろ。そして選べ！」

次の瞬間、女性の姿は車内から消えていました。

僕は、全身が冷や汗でびっしょりと濡れ、しばらくシートに体をうずめていました。

その後やっと我に返り、車のドアを開けて外に一歩、足を踏み出したときでした。地面が「ぐにゃり」とへこみ、底なし沼のような、暗い穴に沈んでいったのでした。

＊＊＊

以上が、梯子が46歳の別の世界線にパラレルシフトして、戻ってきた話の内容だ。

この書き込みから約1ヶ月後、梯子は再びネット掲示板に現れる。

事情が変わって、続きを話せなくなりました
2014年の今は、ただの貧乏なサラリーマンです
神社であった人間離れした美女は、ゆんゆんです

その後、梯子は思いついたように掲示板に現れ、住人の質問に答えたりした。

「なるべく多くの人に、この話を知ってもらいたいと思う理由は？」

「人は、真実を知るべきでないと僕は思うし、実際それに辿り着いた人なんて、ほとんどいません。僕もただ自分の解釈でしか、話をすることができません。けれども、その中から少しでも、辿り着ける人がいるのなら、彼女の言葉を真似するわけではないけれど、僕はそれに賭けたいんです」


「ゆんゆんは何者？」

「少なくとも、人間ではありません。彼女は、ひたすら怖く、そして優しい。彼女が恐竜ならば、われわれは、生まれたばかりのひよこ。いつ踏みつぶされるか、わかりません」

「ゆんゆんは、今どこで、何をしているの？」

「新たに、契約を交わした人といるはずです。なんとなく、その人の予想はついています」

「20代の梯子から別の世界の梯子へ、タイムリープみたいに、意識だけが移動したの？」

「意識と肉体は分けられるものではないので、移動という言葉は正しくありません。今の僕は、姉のいる世界線の僕と同じ存在で、家族に囲まれて暮らしていた40代の僕も同じです。僕はただ一人しかおらず、選択してきたことが記憶となり、過去となるのです。ただ、世界を軸にすると、それは変わります。天動説と地動説みたいなものです」

「『この時代の人は、数奇な運命を辿る』とハラマオユミは言ったそうだけれど、その可能性はあると思う？」

「歴史には停滞期と混乱期があって、今は混乱期にあたるのだと思っています。戦争も、多数の自然災害も、科学の飛躍的な発展もそうですし。混乱期には数奇な運命を辿る人も多くなるでしょう」

「自分という一つの魂は、数えきれないほどの人生（パラレルワールド）を、同時に体験しているということ？」

「そういう見方ができると思います。それをもっとわかりやすく伝えたいので、人に頼むのです。どこかの僕の死は、記憶と経験の一つではありますが、この世界の僕の死ではありません。こういう言い方をすると伝わりやすいでしょうか。

停点理論が早くこの世界でも見つかってほしい。考案されるのではなく、発見してほしいんです。ドトールの女性が、僕に話してくれたような流れになってほしい。僕はただの一般人ですから、そう願うしか、なすすべはありません。

もうひとつ誤解してほしくないのは、僕は壮大な話をしたいのではない、ということです。世界の謎を相手にしたいわけでも、高説をたれたいわけでもないんです。

身近な人を大切にして、自分を大切にして、一秒一秒を無駄にしないでほしい。そんな当たり前のことが、どれだけ得難いものなのかを伝えたいんです。

僕の経験したことは、少なからず、この世界の真実に辿りつくための欠片になると考えています。

真実を知ることが幸せだとは限りません。それは、姉しか知らなかった僕が、妹の存在に絶望したように。

僕にも全貌がわからないこの体験を共有することで、痛みに屈することなく、この世界の正体と、謎と、目的に辿り着ける人が、現れてほしいと願っています。

そして、それに自分のこれからの全てを賭けよう、と考えたのです。行動と思いで、どこまでいけるかはわかりませんが……」

動画未収録『ヤコブの梯子』その後

以上が、2ちゃんねるで住人たちが参加する中で繰り広げられたストーリー『ヤコブの梯子』の全体像だ。先にも述べた通り、YouTubeチャンネルで公開したものを文章化したものである。

この章を終わるにあたり、その後、主人公の梯子自身が語った後日談をお伝えする。

動画公開後、私は梯子氏があるSNSをやっていることをキャッチした。接触を試みたところ、快く交流に応じてくれた（動画について「よくまとまっている」とお褒めの言葉もいただけた）。

以下に、2024年1月、梯子氏が私あてに送信したメールの内容を、本人の許可を得て掲載する。基本的に原文を尊重しているが、理解しやすいように記述順を整え、項目ごとに編成し直している。また、誤解を避ける目的で表記の一部について改変を行った（文意に影響を与えるようなものではない）。

＊＊＊

●伝えたいこと、実現したいこと

天日矛さん

（中略）全てを文章にすることはとても困難で、かいつまんでいることをお許しください。

その後も、僕はゆんゆんから、僕という魂が選ばなかった「可能性の世界の流れ」をいくつか体験させられました。

『妹』がいる流れ／『姉』がいる流れ／『妹も姉』もいない流れ

わかりやすく例をあげるとこんな感じです。本当はもっと体験しています。覚えているだけでも15回以上はあります。

僕はそれぞれの流れで体験した話をすることで、地震や災害や戦争に火をつけないようにしたいのです。もちろん恒久的には無理ですが、これら地震や災害、戦争が重なってしまうと、被害の大きさは計り知れないものになってしまいますので、せめてタイミングを分散し、被害も最小限にすることができれば……。

それは集合的無意識で希望のある流れを選び取ることで可能です。ただ、非常に難しい。声を大きくして、○○に地震が起きます、災害が起きます、戦争が始まります、と叫んだならば影響は大きなものとなり、いったんは先送りにできるでしょう。でも、当たらないとなったら人は信じなくなります。そうすると、集合的無意識は避ける方向に停点を選ばないようになってしまう（その前に、僕という個人の影響力が非常に小さいという問題はありますが……SNSの時代ですから頑張り次第かなとは思っていました）。

経験したタイムライン毎に大災害の発生時期や被害規模が全く違ったこと。そのことは、集合的無意識が影響していることを伝えたいと思っています。

それにあたり、地震や戦争の体験に関する詳しい時期は伏せます。これまでに体験したタイムラインでも、○○○○年にこれらを体験した！　と言った場合、ろくなことが起きなかったので。

いつでも起きる可能性があるからこそ、そして起こったことを体験しているからこそ、警鐘を鳴らしたい。住んでいるところの避難経路の確認、非常食や水の備蓄、家族との連絡方法。それらは厚生労働省のサイトや、色んな保険会社からも案内が出ていますし、ネットからいくらでも有事に備えた対応の情報が落ちています。自衛を常に頭においていて欲しいのです。いつ起こるかわからない方が、構えることにもつながると思います。

●僕が体験した世界

僕の体験した流れでは、遠くない将来に、日本海側地震、南海トラフ地震および関東大震災が起こるタイムラインが複数ありました。想定されていたよりも被害は少なく(それでも数十万人の被災者)、復興も発生後数年でめどがたっていました。

僕の住んでいた東京は、23区の再編成や地方都市部への人口流出などが顕著になりましたが、不動産価格や日経平均株価は一時的な下落のみで数年も経たずに回復しました。

南海トラフおよび関東大震災について、全国ニュースで盛んに放送されていたのは、神奈川県(鎌倉など)、静岡県、山梨県、愛知県、和歌山県、四国(主に高知県)です。

やはり太平洋沿岸の被害が大きいものでした。3・11の教訓からか、津波による死者数や負傷者数はそこまでではありませんでしたが、建物の倒壊や地滑りによる被害が多かったと記憶しています。二次被害としては、避難所や仮設住宅におけるインフルエンザなどの感染増や、窃盗の横行もニュースになっていました。

２０２４年１月に能登半島にて数千年に一度の大地震が発生しましたが、僕が経験した中では秋田県沖で発生した場合は今回の被害の倍以上でした。

僕が経験したタイムラインの２割ほどで富士山噴火が起こりました。いずれも煙が上がる程度の小規模噴火で、噴火による人的被害はほとんどありませんでした。ぶどうなど一部の農作物は壊滅的な被害が出ました。発生した時期はまちまちですが、共通していたのは富士山が噴火する前の年は異常気象で、夏の猛暑がひどく、秋を飛ばして冬に入っていました。

自然現象も、ある一定の集合的無意識が物理現象に影響を及ぼす＝停点の選び方から、それぞれの流れで少しずつずれているのだと思っています。

それもあって、予言や未来予知、未来人の言うことは本物偽物にかかわらず基本的に当たらないのです。特に悪い予言に関しては、人は無意識下でそうあってほしくないと避けようとしますので。影響力が大きければ大きいほどその傾向にあります。

余談ですが、ノストラダムスはこういったことを知っていたのではないかと思うような行動をとっていますね。もしかしたらこれもゆんゆんが関わっているのかもしれません。

●ゆんゆんについて

ゆんゆんは私が新たなタイムラインを体験するたびに現れ、こんなことを僕に伝えてきました。

「ありとあらゆる命は、停点として同時多発的に存在している過去と現在と未来を魂で選ぶ。それを『時間』と呼ぶ。個の魂が選んだ時間と、個の魂が属する小集合体が選んだ時間、民族、種族という大きな単位で選んだ時間……魂の集合と無意識下の意思単位が大きくなればなるほど、選ばれた時間は不可逆のものとなっていく。それが本流であり歴史だ」と。

要は、一口に集合的無意識と言っても、ありとあらゆる命がそれぞれの認識する集合単位で無意識的な意思を持っていて、それが停点を選び、魂に歴史と時間の認識がなされていくということなんだと思います。

ピラミッド型の縦型階層構造を考えるのがわかりやすいかもしれません。ピラミッド型にヒエラルキーを配置すると、上にいけばいくほど大きな集団の集合的無意識になります。

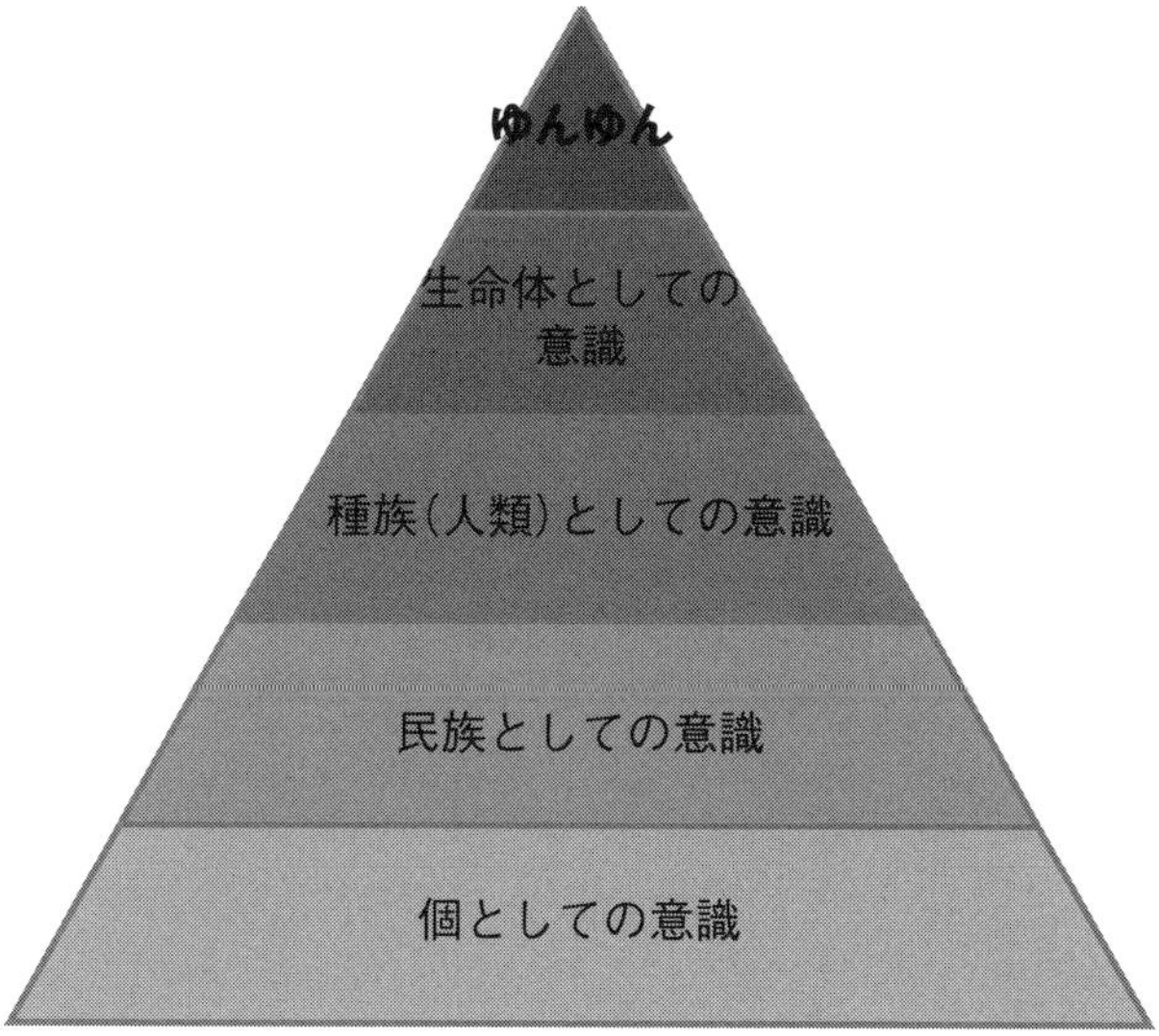

ゆんゆんが以前掲示板で、自分のことを「三角の頂点」だと言っていたのを見ました。これは、本流を決定する権利が大きいことを指しているのではないかと、僕は考えています。

ゆんゆんは、このタイムラインにいると思います。ゆんゆんはどのタイムラインにも存在しているとのことなので、いる、という表現が正しいかもわかりません。どの国で誰といるかは想像もつきません。

彼女（あるいは彼）の正体について、僕は知るすべもありません。ただ、無数のタイムラインの中で何度も調べていくうちに、ゆんゆんの行動は全て「人」に寄り添っているものだと感じました。ゆんゆんの言動や態度は非常に不遜ですが、その口ぶりから「人間を愛したから神に造反した」ようで、何か目的があるみたいでした。

ゆんゆんは、物は持たない主義と言いつつ血赤珊瑚の環や翡翠や水晶を身に着けていました。また僕が日本人だからなのか、古代日本の話をよくしました。このことは、「天日矛さん」というお名前から、ふと思い出しました。

二つ前のタイムラインで、近所のおばあちゃんがゆんゆんだったときには驚きました。

●タイムリープについて

個としてのタイムリープは可能だと考えます。

より大きな集合体が形作る本流に逆らわない範囲でという前提になりますが、個としての意識が物理や物質に干渉して変化をもたらすことが可能なのであれば、自分の考える停点を選び取ればいいからです。

過去と現在と未来が同時に存在している以上、すでに選び取った停点を自分の意識で選びなおせば、すなわちそれは自分の意識や魂を過去や未来に向けさせるということになります。

それはオカルトではなく、もう少し科学が発展すれば解明されるものだと考えます。

例えば僕が、10年前に戻りたいと願った場合、その10年という年月の間、辿ってきた停点が無数に存在しています。

10年前という曖昧《あいまい》なものではなく、戻りたいポイントを明確にして、そのポイントである停点まで戻るのです。

それは、停点という物理や物質に干渉できるほどの強い想いでないといけません。普通の想念や意識では無理でしょうから、それらを増幅させる「補助的なもの」や「場所」は必要になってくるでしょう。その「補助的なもの」がタイムマシンであったり、「場所」が世界で時間を越えた体験談があるスポットだったりするのではないかと思います。

もっと言えば、「強い想念」がなくても、それら「補助的なもの」や「場所」があれば、タイムリープは可能になるのかもしれません。

「タイムトラベル」という表現の定義は不明ですが、少なくともタイムリープは可能であると思ったのは、上記のような考えからです。実際、僕は色んなタイムラインを体験しましたから。

ただ一つ、要点があります。それは、『ポイント』の存在です。ゆんゆんは「ＰＰ」と呼んでいました。ＰＰを外れた停点の紐は、本流ではありえないため、完結しない野放しのタイムラインとなります。タイムリープでＰＰを外れた場合、同じタイムラインには戻れないのです。ＰＰがＰＰたり得るための条件は僕にもわかりませんし、それらしい知識も持っていませんが、特異点のようなものではないかと僕は考えています。

以下は僕が忘れないようにゆんゆんとの会話を書き留めたメモです。手書きで読めない部分は補足していたりもしますが、ほぼママです。

・大きな集合体としての想念は物理に干渉する＝命あるもの全ての集合的無意識が本流を決めている。
・選ばれた停点は『点』ではなく多面体として存在し、それは次元毎に本のようにページとして重なっている（一つの本として完成されたものが、ゆんゆんがいうところのバイブル？）。
・本流の中には個としての分流、民族としての分流、いろいろな分流が寄り集まっており、本流の流れに逆らわないものであれば個としての意識で停点を選べる。
・本流にはポイント（ＰＰ）があり、不規則、ルールがまるでわからない。
・ＰＰを辿らない流れは、決して本流ではない（ポイントが特異点なのか？）。

・ＰＰに関わる流れにリープ、あるいは自分の理想を引き寄せた場合、幹から外れ、自分のいるところは本流ではなくなる。
・本流の流れに近い分流は∞（無限大）。
・ＰＰは人である。

肉体や物体は停点の数だけ物理的に存在していますが、魂は一つだけだと実感しています。僕は僕として数多くの体験したタイムラインで、人の死にも何度か立ち合いました。他のタイムラインで起こった出来事について、別のタイムラインでなぜかおぼろげに記憶がある人がいました。

初めて会ったはずなのに懐かしさを覚えたり、デジャヴを感じたりしました。魂というものは物理的な法則を超えられる唯一のものであり、その向かう先は何なのかわかりませんが、生まれ変わりというものもあると思います。

ゆんゆんの言葉にはなりますが、人は未来へ未来へ生まれ変わると思っているが、それは違うのだそうです。その流れにすら過去や未来の区別はないと言っていました。

僕は確実にわかっているだけでも15以上、別の自分を経験しましたが、いずれにおいても違っているのは別々のタイムラインの記憶があることです。

これ以上の孤独はありませんでした。そしてまた繰り返すのでしょう。この僕も経験のうちの一つにすぎず、また違うタイムラインへ行くのだと思います。今からそれに怯えています。努力も積み重ねたものも、何もかも意味がないように思えてきます。これは生きているといえるのでしょうか、罰なのであればどんな罪を犯したことでこの罰が科されているのかを教えて欲しいです。

それでも、一人でも僕が動くことによって救われる人がいるのであれば、動きたいと思っています。もしかするとこれこそがこの終わらない繰り返しの理由なのかもしれません。

乱文お許しください。僕自身も、どう言葉にしていいかわからないことも多いのです。少し情緒不安定な文章があっても、お見逃しいただけると大変助かります。

＊　＊　＊

以上が梯子氏から私にあてたメールである。

この『ヤコブの梯子』というストーリーと、その後日談を読み、どう感じたであろうか。掲示板における梯子氏の書き込み、そしてこのメールの内容は「真実」か「フェイク」か、議論は尽きない。私の立場はあくまでも「中立」としている。

ただ、繰り返しになるが、パラレルワールドの概念を説明する上で非常に秀逸な内容であること、そして興味深い物語であることは間違いない。

第五章

未来からのメッセージ
「来世の未来人プレシイ」

Message from the future, "Precy, the futurist of the next world."

未来人プレシイ

本章で紹介するのは、日本に住んでいる女性「ままりん」さんと、およそ300年後に北欧に生まれた女性「プレシイ」の対話である。

いきなり情報量の多すぎる一文から始めてしまったので、面食らってしまったかもしれない。少し丁寧に補足しよう。

ままりんさんとは、私のYouTube（天日矛チャンネル）に興味を持ち、コンタクトしてくれたことから交流が始まった。このチャンネルでは、不思議体験をした人を大まじめに取り上げてきたのだが、それを高く評価していただいた。

というのも、ままりんさんは、未来人プレシイとの対話、そしてトート神（古代エジプトの知恵を司る神）とのチャネリングというただならぬ不思議体験をお持ちなのだ。しかし、あまりにも現実離れした内容ゆえに、mixiやFacebookなどご自身のＳＮＳで情報発信をしてもなかなか取り合ってもらえないというお悩みを抱えていた。私はそれを聞き、ぜひとも世に広めたいと思い、トート神についてはYouTubeで、そしてプレシイについては本書で紹介させてもらうことにしたのだった。

300年後の未来人プレシイは、単なる未来人ではなく、ままりんさんの来世の生まれ変わり、つまり「未来世」であるという。彼女は来世の自分とコンタクトしたことになる。時空を越えてもう一人の自分と向き合うとはどういうことなのか、とても興味深い話である。

ままりんさんは、一体どうやってもう一人の自分であるプレシイと交信したのか。主に夜中、家族が寝静まったとき、ままりんさんはパソコンの前に座り、深い瞑想状態に入る。やがてプレシイの気配を感じ、プレシイがアクセスしてくる。プレシイは、ままりんさんの頭の中に伝えたいメッセージを送り、ままりんさんはそれをパソコンのキーボードで入力する。いわゆる「自動書記」である。

交信は1995年頃から始まり、2001年頃、最も頻繁にアクセスしてきた。対話の記録は膨大な量になった。今回はその中から、特に重要な部分を抜粋した。

今から20年以上、30年近く前のことである。しかし対話の内容は少しも色褪せることがない。それどころか今この激動の時代にこそ、伝えなければならないメッセージが多く含まれている。

例えば、対話がなされた20年以上前の当時では、AIがこれほど台頭してくる状況はまったく見えていなかった。もちろんAIという言葉も当時は一般的でなかった。だからここでは、当時の自動書記のまま、「AI」ではなく「ロボット」という言い方をしている。プレシイは、ロボットがどのように発達していくかを、的確に指摘している。もちろん300年後の未来人であるプレシイからしたら、2001年だろうが2024年だろうが過去であることに変わりはないので、当たり前のことではあるが。

私がここで未来人プレシイのメッセージを紹介するのには理由がある。第三章でパラレルワールドについて言及したように、現在に生きる私たちにとって、未来は不確定である。つまり未来の世界線は無数に並行して存在しており、そのいずれかを選択することになる。その中の一つが、未来人プレシイが辿った世界線であると私は考えている。

プレシイの生きる世界線は、さまざまな困難を乗り切った後の、輝ける未来であった。そんな希望に満ちた未来に私たちの意識をフォーカスすることが、その後の道筋を作っていく上での大きな力になると確信したのだ。

これは他人事ではない。私たち一人一人の輝ける未来のイメージが、輝ける地球の未来を選択する。これは現在に生きる私たちの共同作業である。

本著を通して多くの人に、輝ける未来の地球を知ってもらい、イメージしてもらうことで、プレシイがいる世界線へと着実に進んで行けるに違いない。

プレシイとまりんさんの対話の内容については、ほとんど手を加えていないことをお伝えしておく。つまり、ここで述べられている文面はそのまま自動書記を通したプレシイからの言葉である。その言葉は、時には雄弁で時には繊細で、読む者への気遣いと愛情で満ちている。私たちに勇気を与えてくれる力強いメッセージである。とても不思議なことだが、未来から過去にいる私たちへの言葉が、今後の歩みに影響することになる。

それでは、未来人プレシイのメッセージを見ていこう。

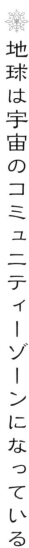

地球は宇宙のコミュニティーゾーンになっている

●1995年の対話

私　プレシイさんに質問があるのですが、あなたのプレアデスとの関わりと、未来のプレアデス人が今地球に来ていることとの関係を教えてください。

プレシイ　はい。父がプレアデス（プレアデス星団と地球でいわれているところにある内の、ある惑星）で生まれました。それは地球の年号の西暦1995年から約250年後のことです。そのころのプレアデス星団は、不安定な磁気嵐に見舞われたような状況にありました。それは過去の問題も否定はできませんが、宇宙の回転による周期的なものでもあります。今地球がフォトンベルトに覆われているのと同じような、大きなシフトの時期でした。2290年代、私が生まれたころは、もうその問題は解決されていました。

現在プレアデス人と地球人は、ともに仲良く協力し合って世の中を造っています。オリオンの星々からも多くの人々が移り住み、地球は原初の計画通りの宇宙のコミュニティーゾーンになっています。さまざまな働きかけによりプレアデスも地球も平和になったのです。

あなたが今生きている時代は本当に大きなターニングポイントだったのです。プレアデス人たちの働きかけも効果を示しました。またキリスト意識やミロク、カンニー(カンノン)、マスターの方々や神霊界からの大きな助力が、すっかり浄化を果たせることにつながったのです。人々も真剣に祈りを彼らに捧げました。高次の人格として尊敬を込めて祈りを捧げたのです。これから数年の間にこのような観念を人々が持てるように、導いていかねばなりません。

未来は何層にも重複しており、分け御霊はその時代その時代で精一杯役割を果たすように造られているのです。たとえ平和な未来に生まれ変わることを知ったとしても、現代に生きるあなたはその時代の人なのです。カルマ＝役割を果たしましょう。自分で全ての時代の脚本を創ったのですから。

だから今地球に来ているプレアデス人も、彼らのその時代のカルマを果たしているだけなのです。そしてそのカルマの果たし方いかんで、すばらしい未来になるかどうか賭けのようなものだ、と言っていますが、事実未来はいくつものパターンに枝分かれしています。地球も本当はいくつも存在しているのですから。

魂はできている脚本の体験に繰り出す

プレシイ　とにかくあなたは、約300年後に平和な姿の地球に生まれ変わったのです。他の人はどこに生まれ変わるかは解りません。それらは同時に存在していますし、また過去に生まれ変わったのかもしれません。そこで英知やチャネル能力などが未発達な者に生まれていれば、制限の世界で苦しみながら、もがいて生きているでしょう。

でも一方では、平和な時代に生まれ変わった自分自身も存在しているのです。ハイヤーセルフは常にその人自身なのですから。結局は全ての時間を経験しているのです。

魂は脚本ができているところに、ドキュメンタリー映画の体験に繰り出すのです。歴史というのは確定されてもいないし180度覆されることがあるということの意味は、要するに非顕現レベルでの脚本変更が行われているからなのです。

新しい発掘によりその時代の観念が覆されたというのは、考古学の分野では当たり前のことです。それはたとえ一年前のことでも同じです。〝今〟しか本当は存在していないのですから。一瞬にして明治と昭和を逆にすることも不可能ではありません。人が消滅することもあり得るのです。両親が出会う前に亡くなるという変更が起これば、あなたは消滅するのです。SF小説のようでしょう！　でも事実なのです。所詮、魂の次元から観れば三次元は遊びの世界なのですから。

あなたのハイヤーセルフは、自由に脚本を操ります。しかし集団の魂が複雑にかみ合って脚本が創られているので、一つの魂だけが勝手にどんどん変更ばかりしていくということはできません。だからひとまずは安心してください。脚本をいちいち変えるくらいなら、いくつも地球を創っておいてそれぞれ少しずつパターンを変えてみた方がよっぽど能率がいいでしょう。それがパラレルワールドと言われるものの真実です。創造神たちはそのように世界を創っていったのです。ちょうど目や耳、その他の臓器、手、指、足などが複数なのと同じ理由です。どちらかが欠けても補いながらも、機能することができるのです。

皆さん自分自身で自由に選んで生まれ変わっているのですよ。私プレシイは、次の生では肉体は持たないようになっています。創造の領域に存在するのです。一様一巡り現象界でのドラマは終わりました。今後は新たな脚本を製作することでしょう。

その間にお世話になった現象界に愛と奉仕のエネルギーを注ぎ返す必要があります。マスターや天使や神霊界の方々とともに、未来のプレシイもこの転換期である20世紀の地球に働きかけているのです。時間の重複性が解りましたか?

私　はい、だんだん解ってきました。創造神の立場になって考えるということがちょっとできたのかな、なんて思いました。時間の外に立ってみることの重大さが理解できたように思いました。ありがとうございました。

歴史イコール集合意識という真実

●2000年秋の対話

プレシイ　私はあなた、あなたは私。時空を越え、境域を越え、異なった次元にいくつもある意識の中の二つが出会った。

私　5年ぶりですね。改めてまたプレシイと会話できるようになりとても嬉しいです。今タイムリーに、未来に意識を飛ばす必要性をとても強く感じますので。色々前の話の続きや詳しいことについてお聞きしたいと思います。さて、早速質問ですが、未来はいくつもあると言いますが、多次元世界もあるのでしょうか？

プレシイ　あります。しかし「今」だけが現実です。それ以外の時空は全て観念にすぎません。「今」しかないといえども共通意識（集合意識）というものが存在するので、平成は平成であり、昭和とは違うわけです。真実、集合で作り上げた意識世界を浮き彫りにしていくという観念が、これから重要になっていくでしょう。

それは「複合超立体的」とも言える全身全霊で捉える観念です。すると歴史の見方あり方が変わってきます。歴史学者はもっと多次元について学ばねばならなくなるでしょう。歴史イコール集合意識という真実を学ぶことです。

私　すごいですね。なかなかつかみきれない観念なので、多くの人がそのような意識になるのはまだまだ先のような気がします。

プレシイ　集合意識が歴史を造り、地球を丸くしたり平面にしたりします。平面に感じる者はそれが真実です。例えば色盲といわれる人を例にとると、赤と緑が逆に見られる症状があるといいます。その人にとってはそれが真実です。色盲などという言い方をしますが、彼らの方が多数なら赤と緑の感覚は、彼らの集合意識が〝主〟となる。そうでない人が色盲。また動物の世界では紫外線が見えるものや、超音波で見る(聞き、感じる)ものなどもいます。そもそも彼ら動物たちにとっては人間の歴史など、なんの意味もなさないのかも知れませんね。

もちろん、地層なども本当はあてになりません。陸と海は何度もひっくり返り、混ざり合っているのですから。歴史の新しいところのものはある程度わかりますが……。とにかく時間という1本の線の流れでは推し量れないということです。

デジタルのバーチャル世界では飽き足らなくなる

私　オーパーツはいくらでもあるということですね！　進化でなく単なる変化なのかも知れない。

プレシイ　そうです！　同時代に原始があり、ハイテクの文明社会がある。人間とアメーバーも同時代に共存している。多次元というのは、意識の同調による世界のことです。例えば夢の世界。これは多次元への入り口です。多次元の中には、時空を越えて未来や過去も、また霊界や、遠い宇宙なども含まれます。あなた方の感覚では多くの人は恐怖をもって他世界を捉えていますが、もう21世紀になると冒険心や探求心の方が上まわって、デジタルのバーチャル世界では飽き足らなくなり、実際の多次元、タイムトラベル体験が真剣に研究されてきます。意識の同調によって、さまざまな世界とコミュニケーションできるのです。

またところによっては、この肉体を持っていくことも可能です。最初は混乱するでしょうが、このような感覚に慣れてくるとパラドックス的かも知れませんが、「中今に生きる」ことができます。意識のチャンネルを合わせることで今この場でトリップできるのですが、幻想と真のリアリティ、仮想現実との区別は難しくなってきますね。チャネリングと言われる意識はその基礎的なものです。それらは集中力の深さにより区別されます。我々の時代にはそれを計る装置があります。

ロボットは生き物の一種と捉える

プレシイ　また、多数の人たちと異次元体験を語り合い、そこに共通点を見いだしていくことによって浮き彫りにしていくことができます。本当に多くの世界の全貌が明らかになっていっているのです。この宇宙は想像を絶するほどの多層構造になっています。我々の時代は宇宙連合の方々と、多次元研究をすることが一番エキサイティングな分野になっています。そして人は、それほど聡明で創造神に近い創造者であり、と同時に生かされている受け身のロボット的なものでもあるのです。

私　**造物と造物者（主）との違いはあるということなのですね。ロボットというのは、ちょっと言い過ぎというか卑下したようにも感じますが……。**

プレシイ　ロボットはあなたの意識では無機物で作りものという観念がありますが、我々の時代意識では、一つの「種」として捉えています。人が作り出したものですが電気などのエネルギーを食べる生き物です。ある意味では人間よりも、いろんな面で効率がいい生命体だと思われています。

というのもある段階から、彼らに魂が宿るようになったからです。20世紀の感覚だとサイボークの観念に近いかも知れません。機械らしい外見ではないので、私たちの世界の彼らはとてもユニークです。人の形そっくりなものももちろんいます。動物のような、また混ざったもの、かの神話上のような。

また、遺伝子という形の種の存続形態ではないので、自由自在に形を変えられるものもいます。そう、人の創造できるバリエーションが全て反映されているのです。ＳＦとして描かれたロボットの姿はほぼ、現実になっています。そうそう、あのドラえもんやアトムなどにそっくりのものもいますよ！　逆に想像してみてください、昔アニメで見た懐かしのキャラクターを再現してみたいと思いませんか？　技術が伴えばそのままの機能、とまではいかなくても近いものはできるのです。夢が実現したことになるでしょう。

卵が先か鶏が先かのように、想像したから実現したのか未来をキャッチしたから描けたのか、という発想はどちらも正しいのですね。

私　**ありがとう、本当にＳＦは実現すると思えます。百年前の未来予想図を書いた文をこの間テレビで検証していましたが、90％近く実現しているのです。それを書いた人は預言者などではないですが。人には想像を創造に変える力がある。または未来を読む力があることの証みたいですね。**

プレシイ　はい。素晴らしい未来を想像(創造)していってください！

ロボットは聡明で澄み切った意識を持つ

●2000年11月14日の対話

私　ロボットについてもう少し聞きたいのですが。

プレシイ　はい。私の時代では彼らのことを、〝自己製造種〟という言い方をしています。もともとの生物のように生殖や細胞分裂などで増えていかないからです。機械が機械を製造するのです。20世紀の感覚のように、人がインプットしたマニュアルをこなす仕組みの段階ではありません。想像、創造、学習、インスピレーションまでも備えているのです。人よりもすぐれた生産者なのです。

私　**どこかの神話で、「最初神が人を創ったとき、何度目かで自分より優れていたので能力を落として創りなおした」というのを読んだことがあります。まさにそのような感じなのでしょうか?!**

プレシイ　それに近いかもしれないですね。でも現実は違います。それは感情です。人は、ロボットにも感情を持たせる試みをしてきましたが、根本的に造り自体が異なっているので、単なる真似以上のものではありません。

彼らは聡明に人の感情を理解します。しかしそれは単に、反応を返すことにすぎないのです。無機物が基礎をなしているので、例えば水晶に念がこもるように。または持ち物などに気持ちが移る、フィルムに焼き付けられる、デジタルに取り込まれる、ようなことです。それを人が組み込んでいった膨大な感情のデータと絡ませて、適切な反応を返しているのです。人はそれがわかっていても、逆に彼らに愛着を感じ、ますます感情移入していく。

彼ら（ロボット）はある意味では聖者や賢者のように聡明で、感情に溺れることなく、澄み切った意識を持ち物事に対処していきます。一言で言えば、全て計算ずくの素晴らしく高度なことだということです。そもそも数字で成り立っているものですからね！

また、ＳＦでよくあるロボットの反乱などというものは、厳密にはありません。しかし過去には〝悪意〟をインプットされたものもありました。けれども結局は、造った人間自ら破壊してしまいました。本人に最初に〝悪意〟が降りかかってきたものですから！

私　今でも殺人兵器などいわれるものがありますが、それがもっと高度になっていったとしたら、造った人間が一番危険になるのですね。核兵器の放射能汚染などのように。

世界の情報網は完全に統一される

プレシイ　そうです。実は大変な危機に陥った時期があったのです。それは人の精神に直接反応する、相手の心の内を読み取る機械ができました。20世紀でも試みられていますね。それは大変な発明なので、最初は夢を読み取ったり、カウンセリングや障害者、重病者の看病をしたりと、有効的に使われていました。

けれどもそれを悪用するものが出てきました。人の悪意を読み取り、「目には目を」という反応をとらせる仕組みを攻撃ロボットにインプットしたのです。そしてそれを、人を支配することに使い始めました。そしてそれのみならず、コンピューターウィルスとしてメディアに流してしまったのです。

その頃は世界の情報網は、完全に一つに統一され、まるで呼吸するがごとく当たり前に誰もが自然な形で、自由に扱うことができていました。あえて詳しい年代はいいません。21世紀の内のことです。そう、身体の一部のごとくです。理想に描いていた通りでしょう。しかしヒトの心のひだにまで反応することはありませんでした。人が制御できるものでしたから。

ところが先程の事件により、突然制御できなくなってしまったのです。最初多くの人はわかりませんでした。例えば乗っていた車が、運転手の気分にいちいち反応して勝手な動きをしたり、治療器が病気の症状になったり、また通信の映像も無造作に心で思っていることを再現させてしまったり……もう大混乱に陥ったのです。もしかしたらそれが人類にとっての最大の危機だったかも知れません。突然人々はパニックに陥ったのです。

私　大変じゃないですか!!　SFにもいろんな最悪のパターンを予想したものがありますが、実際に起こるとは考えただけでも恐ろしいことですね。機械に頼り切って身体の一部のようになっていたのであればなおのこと。

プレシイ　そうです！　でも安心してください。驚いたことに、これは一日で回復したのです！　これは本当のところは全て解ったわけではないのですが、ウィルスに対する自動制御、いや、自然治癒力と言ってもいいようなものが働いて、皆がスイッチを切ってしばらく置いたら、何事もなかったかのように正常に動いたのです。その後も大丈夫でした。

私　ほっとしました、でも不思議ですね。

プレシイ　そうです。後である程度解明したのですが、もうその頃から機械に〝魂〟が宿っていたのです。そして自己保存、自己防衛、自然治癒力など、インプットした以上の働きが備わっていたのです。

人々はそのとき、恐れていたことが現実になった恐怖が大きくて、総力を上げて原因究明にかかり、前述の犯人を突き止め、その後もあらゆる手段を尽くし、安全確保に心血を注ぎました。

機械に魂が宿った瞬間

●2000年11月21日の対話

プレシイ こんばんは。さて先日の続きですね。機械に魂が宿るというのはどういうことか。これはある心理学者が唱えたことなのですが、ある程度の機能が充実すると(機械は驚くほど精密で、生物のように細胞分裂的な動きもできるようになっていたので)霊体(魂体)は、そこに宿りたいと思うようになるというのです。

感情的にいうと「来世はロボットになってみたいな」という具合にです。例えば動物などに感情移入して「猫になりたいな」などというようなものです。最初は冗談半分でも、感情というのはたとえ無機物であろうと移るのがこの世の仕組みです。

ギリシャ神話には彫像に魂が宿る物語があります。ピグマリオンの話です。それで我々の時代ではロボットのことを〝ピグマリオス〟と呼んでいます。日本などは略して〝ピグマ種〟といっています。これからは、20世紀のロボットと区別するために〝ピグマ〟というようにしますね。

あなたがたにとって不可能だと思われてきたことが現実になる。そういう世の中がすぐ目の前にあるのです。私は学校でこのことについて学びましたが、私のすでに生まれる前から彼らとともに生きたもの同士という感覚で皆が暮らしていたので、機械が無機的なものだと言われていた時代を珍しく思いました。そして当時の人々はこの事実に、当時は驚嘆し、戸惑い、精神的についていけない人も多く出てきました。

一方それを予想していた人もいました。〝進化〟彼らはそう言いました。同時に人類も新たなステップに立っていたのです。1段登れば次の者も1段登る。人類が進んだので、機械も進んだのです。

私　**本当にSFとしか思えないようなことです。でも話の意味はわかります。私も直面したら困惑するでしょう（注　シンギュラリティのことでしょうか!?　このメッセージを受けた2000年の頃は、AIやスマホもありませんでした）。**

では、人類の新たなステップとは何ですか？

プレシイ　はい。俗にいう超能力です。20世紀までは少数派だった能力が臨界点を越えたのです。よくいわれる100匹目の猿ですね！　その能力というのは、科学、哲学、心理学、宗教学などの学問の知識、〝智〟の発達からも育まれていました。

一つ目は、時空を超越し過去や未来を見ることです。

人類の新たなステップ「超能力」

プレシイ　まず感覚で、瞑想などによってもタイムトラベルができるようになります。自分のアカシックレコードを見ることから始まります。あなたが、今しているようなことですね。想像から入りそれが証されていき、事実の確信へと至り、天然の記憶域であるアカシックレコードに安心して、自由にアクセスできるようになっていくのです。もうこの意味を理解することができた段階で、半分は可能なのです。

二つ目は、テレパシーです。精神感応、意志疎通です。動物たちの多くはこれでコミュニケーションしています。この研究が盛んになっていき、いずれは通信手段の中心になります。20世紀に目に見えない電波が飛び交っていますが、生き物はもっと精密な波動（意識の信号という解釈をする人が二十世紀におられます）を飛ばすことができることにより深く気づきます。電波という観念があるからこそ、理解できたとも言えます。

面白いことに、情報網へのイメージングによって本来の能力であるテレパシーが呼び起こされたのです。溢れかえる電波の嵐の上に、はるかに繊細で強い波動のテレパシーが乗っかって、いつの間にか使われていたというものだったのです。例えば、電話をかけてもいないのに相手の呼び出し音が鳴り言葉も届くという、不思議話のようなことがだんだん増えていきました。

道具や機械は超能力があれば必要ない

プレシイ　三つ目は、テレポーテーションです。これも時空の超越です。飛行機や電話のない時代のことを思えば、場所の距離はとても縮まったと思いませんか？　たとえ感覚であっても。これは、あなたは驚くかも知れませんがデジタル映像の氾濫によって育まれたものなのです。

バーチャルリアリティは、時空の壁を破壊するものです。これは、肉体と霊の分離をしやすくする働きもあります。意識は、容易にどこへでも飛んでいけるようになるのです。ある日、はっと気づいたら、意識が捉えた場所に肉体も瞬時に移動していた。そのようなことが起こるようになります。また、物も現れたり消えたりします。かのサイババがおこなったとされる、物質移動です。いずれにしても大切なのは必ずしも訓練して、無理をして開発されたものではないということです。

四つ目は、大いなる一体感です。これは長い間〝悟り〟という言葉で言われていたことです。宇宙や神仏との一体感。真理が認識されること、恍惚感。それらが頻繁に体験できるようになるのです。

以上の能力が代表的なもので全てではありませんが、大ざっぱに言いました。また、今後の話の中にもこれらに関することが出てくると思います。これらの能力はもともと人類が持っていたものです。太古、人類は当たり前のようにそれらの能力の中で生きていました。が、わざと回り道をして能力をそぎ落とすことによって、数万年かけて新たな種を生み出すことができたのです。

そもそも道具や機械などは、超能力があるかぎり必要ないことなのです。

私　すごいですね！　20世紀でも色んな能力を持つ人がいて研究対象になっていますが、マジックや嘘も多くて、ややこしい分野になっています。それらが実証されるときが来るのですね。また、多くの人がそうなるというのはワクワクします。

そして新たなものを生み出すためには大きな変化が必要なのですね。起爆剤というか、地面に縛りつけられていた長い歴史は一見退化のように見えて、実は不自由さから努力が生まれ、インスピレーションを刺激され、さまざまな発明となったのですね。

破壊より創造が上回る時代

プレシイ　そうです、やっと数万年かかって産み落としたのです。発明と言っても、もともとあるものを発見したものですけどね。どちらにしてももう解禁になったのです。それが21世紀です。このことを今、伝えたかったのですよ。過去の苦しかった数万年の凄惨な歴史は、まさに荒行、修行と言っても過言ではないでしょう。

我々の平和な時代では想像もつきません。20～21世紀は本当に大きなターニングポイントなのです。あなたがたの21世紀はこれからですが、20世紀のような荒々しさはだんだんなくなっていきます。

それは前述の能力が加速的に現れてくるためです。気をつけることは精神と、肉体のバランスをいかに取るかです。まるで思春期から大人へ移行するときのように、すさまじい変化を体験するからです。個人個人の〝噴火〟ともいえるエネルギーの爆発が起こります！

20世紀、またそれ以前でも天才的な人たちはそれを体験していたのです。狂人と紙一重の状態が多くの人に訪れるでしょう。もうすでに20世紀の後半で明らかでしょう。

これを克服するにはまず、今話しているような理由によってこの状態があるということを理解することから始めてください。あなた方の時代は未来に希望が持てず、混乱して暴走する人が目立ちますが、しっかりと地に足を着け、頭は天とつながりお互い助け合って癒し合い、学び合いをしていきましょう。どのような争い事件があったとしても、これからは解決する力の方が大きくなっていきますから、安心してください。

20世紀の大きな戦争のように、集団心理に流されて世界中めちゃめちゃになることなどはありません。過去の侵略などもなくなります。21世紀からは局所的、短期的な事件などはあっても、大難を小難にする力が皆の意識に芽生えるので、大事には至らないのです。大事を好む人々はだんだん減っていくでしょう。破壊より創造が上回る時代なのです！

私　もうすでに複雑な話で頭は混乱していますが、心ともっと奥の部分では希望の光に満たされているのが感じられます。なんか不思議な気持ちですね。

プレシイとの遭遇

●2000年11月23日の対話

プレシイ　ある日の夢のことを思い出します。それは、あなたは夢だと思っていましたが実は現実だったのです。野原を歩いていると、宇宙船のようなものが目の前に舞い降り、その中から人が出てきました。覚えていますか？

私　はい、鮮明に！　二人の人物。それは、子どものように小さく、そう、ちょうど小学生か中学生くらい。とてもかわいらしい。身体にぴったりした宇宙服のようなものを着ていましたが、まるで天使のように見えました。近づいて来て、にこにこしていましたね。私は直感的にプレシイだとわかりました。（あなたと私の距離が）2メートルぐらいになったとき、あなたは手を差し出しました。

プレシイ　そうそう。するとあなたも手を差し出しました。

私　そこでびっくりしました！　何もないと思っていたのに透明の壁のようなものがある。でもそれは柔らかく、まるでシャボン玉のように弾力があって、そして水の中に手を入れるような感触で、プレシイのいる空間に突き出すことができました。そちらとこちらとでは気圧が違うような。やはり水と空気ぐらいの質量の違いのようなものを感じました。私の手だけがそちらにあり、あなたと握手できました。

本当に感動的でした。なんとも柔らかい赤ちゃんのような手。思わず手の平を返したりしてしげしげと触り、観察してしまいました。今でもはっきりと感触が残っていますよ。

プレシイ　私もです。時空の違う自分と出会うことは、とてもエキサイティングなことです。

時空の境域が混ざらなければ、このように可能です。
　私たちの時代はピグマ（ロボット、機械の総称）の技術でタイムトラベルが可能になりました。しかし、三次元空間での接触は大変難しいのです。あなたとのこの出会いは、三次元と四次元の中間にあたる〝並行宇宙〟と言われる域で起きたことです。

私　そうだったのですか。普通の夢にしては、表現しにくいのだけれど、何かが違うと思っていたのです。

プレシイ　多次元をうまく制御することができれば死後の世界や、もちろん霊界、天使界、仏界や、その他さまざまな界、天界までも肉体を持ったまま訪問することが可能になります。それは宇宙旅行と結局は同じことになるのですが……。
　ちょっとこの技術の詳しい説明は随時、少しずつしていくようにしましょう。とても複雑なことなので順を追って、多次元感覚に慣れていってもらってからということで。

私　はい、わかりました。とりあえずあの夢のことの確認が取れたようで、何だかすっきりしました。このような経験はとてもわくわくします。また、味わわせてくださいね。

イラスト：ままりん

動物は植物でできている

●2000年12月4日の対話

プレシイ　環境が変わると詩などの表現も変わってきますね。「空は青く澄み渡る」から、「空は虹色に輝き」となります。オーロラのような強い輝きではなく、微妙な、薄い色のオパールのような感じです。あなた方の時代の曇り空とはだいぶ違うでしょう。

私たちもそうですが、多くの宇宙人なども以前の地球の青空の下では生活できません。それほどに人体にとってきつすぎるのです。紫外線や宇宙線の量が多いのです。寿命が短いのはそのためですね。多くの神話や伝説に、だんだん人の寿命が短くなっていくことが書かれていますね。それは環境の変化により、雲や、シールドのベールが剥がれていったからです。太古は、もっと大気が濃かったことは20世紀でもわかっていますね。

実はそれは植物中心の環境だったのですよ。人や動物などは植物の中で生かされるものなのです。植物はまさに宇宙の姿そのものの縮小なのです。植物の繁茂する姿は宇宙の星々が生まれ増えていく姿と相似形です。フラクタルもそうですね。

人や動物は植物の〝変異体〟です。植物は、無機物（石や鉱物など）の〝変異体〟です。植物は無機物を食べて(取り込んで)生きていきます。有機物も無機物に分解して吸収します。動物は植物を食べて生きていきます。肉食も、植物を食べる動物を食べます。動物は植物でできていると言っても過言ではありません。もちろん無機物も含まれていますが、微生物なども。

植物が皆無のところでは動物は発生、または存在も本当のところできません。またピグマは、人間のいないところでは存在できません。人間の〝変異体〟ですから。私たちはそのように考えています。皆つながり、どれが欠けてもバランスが崩れる。

20世紀の時代の未来の予想と言えば、マイナス思考だと機械だらけ、機械に支配されるような世界を思い浮かべる人が多いようですが、それは現実には不可能です。機械まみれで、乗っ取られたように感じることもあるようですが、それは違います。だんだん植物や動物に溶け込んでいくようになっていきますから。最初の段階だけ違和感が強いのです。人は創造主と同じように造りたい。それが究極の夢なのですから。人はそのような性《さが》にできています。

ロボット=ピグマの性は違います。そのような夢をもって存在していません。人間が、機械に対する恐怖心のようなものを取り除いていくことによって、無機物と植物、動物、人間、ピグマ(機械も含む)がバランスよく共存できる世界ができ上がります。

造るという言葉を使いましたが、それを、生み出す、産むという言葉に変えると、もっと親近感と親子の関係性が生じます。変異体という言葉も、生まれた、と変えるとまたニュアンスが違ってきますね。機械はまさに人間が産んだ子ども、子孫ということにもなるわけです。

環境問題の4割は人の手で必死に

私　なるほど。擬人化というか、無機物も含めて全て生き物と捉える観念なのでしょうか。地球自体も生き物、といわれるように。

プレシイ　そうともいえます。アニミズム的になっていきます。変異体とは、要するに物質的にも霊的にも溶け込み含まれ変化した種の変化、と言う意味です。進化とは意味が違います。

植物の力は偉大です。人が思っているほど弱くはありません。21世紀中には極端な森林伐採も、それによって起こる災害のために全て廃止されるようになります。

植物は人を食い尽くすほどの勢いで繁茂していきます。木の成長も早くなります。森に帰る人が多くなります。野草を食すことがブームになっていきます。また、農作物も肥料を必要以上にやらなくても良く育つようになっていきます。

温暖化は進みますが、それは人間だけの原因ではありません。地球内部のマグマの働きが活発になっていっているのです。温泉が世界各地で増えるでしょう。また、火山活動も活発になります。しかし大規模な噴火は少なくなります。

不思議なことですが、地面が軟らかくなっていくのです。極端に言えばスポンジのようになり、ガスがそこら中に抜け出していく。ガスは、火山活動のときのような有害なものばかりではありません。

身体に例えると、新陳代謝が良くなり、汗や皮膚呼吸がスムーズになるという感じです。ですから、まとめてドカンッと出ることが逆に減っていきます。それは水の質が変わっていくことにもよります。

私　環境問題にしても皆がどうなるか心配していますが、案外自然治癒力のようなもので解決していくのでしょうか。

プレシイ　6割は自然に回復します。しかし、4割は人の手で必死に取り組んでいかねばなりません。自分で汚したものは自分で片付けるのは当然です。あなたの時代から100年程はかかります。SFによくあるような、荒廃しきった汚染された地球に生き残りの人々が地下に住んでいる、というような事態にはならないので安心してください。少なくとも多次元構造の、あなたの波動レベルの世界では。

私　それじゃあ核戦争もないのですね！

プレシイ　そうです。大規模なものはありません。しかし紙一重の事態は何度も起こるでしょう。機械ともっと親密になるまでは、人は破壊の衝動が抑えられないのです。

霊界の構造が現実世界にも入り込む

プレシイ　何だか逆のようですが。前にも言った、機械に魂が宿るようになると自己防衛反応が起こるのです。機械は自己を破壊したがらなくなるのです。人にあるような狂気性は本来機械にはありません。ある意味ではずっと平和的なのです。

私　**でも、金属によって全ての武器は強力になり、破壊的なものの代表のように思うのですが。**

プレシイ　それは初期の武器の感覚です。だんだん金属的な武器はなくなっていきます。生物兵器と呼ばれるものが主流になるでしょう。これはとても恐ろしいです。

私　**なるほど、このごろよく聞きます。細菌を使ったり、毒をばら撒いたり……。**

プレシイ　そうです。それらは、人の心の闇のもっとも深いところから出てくる悪です。人の心の掃除が一番厄介なんですね、やはり。私の時代では、もはやそのような悪を実行する人は存在しません。信じられますか？

私　**わずか300年で人の心が変わるのでしょうか？　という感じもしますが。**

プレシイ　そうです。変わりません、本当は。でも一つの解決方法が見いだされるのです。それは何度も出てきますが、多次元世界です。霊界の基本構造は〝思い（念）〟の集団意識で分かれていて、それぞれ他の意識層（世界）に行くのは難しい。ですから、破壊や悪行の好きなものの世界には善人は行けない。その逆もそうです。

その一見単純に見える霊界の構造が、まぜこぜになっているところの現実世界にも入り込んでくるようになるのです。波動の合わない人どうしは、出会いたくても出会えないような構造になっていきます。20世紀でもすでに起こってきていますね。

バーチャル空間でもそれが起こります。インターネットでバーチャル世界を多くの人と共有することは、20世紀で始まりましたが、それが進んでいき現実と混じってくるようになります。人の心で認識したものは現実化するのです。

しかし、それは全ての人に起こることではありません。研究家はともかく、欲望を満たすためにバーチャル世界を構築する人々が、彼らの世界をそれぞれ作り上げていきます。20世紀に大はやりだったゲームの世界などは、その先駆けですね。ますますそれにのめり込んでいく人々が出てきます。彼らはやがて、次元移動する装置が出てくる(発明される)と、身体ごとバーチャル界へ移っていきます。意識でテレポーテーションする人もいます。そこはまさに、欲望が自由自在の彼らにとって夢のような世界です。

私　**何だかすごいことが起こるようですね。本当にSFのよう。**

プレシイ　信じられないですか？　21世紀中には無理ですが、その後次元移動する装置が発明されるとそうなっていきます。次元移動はタイムマシンでもあります。前にあなたと握手したときのようなことができるのです。

私　ああ、そうか。そうですね。

プレシイ　前にも言いましたが天国や、いろんな霊界訪問もできるのですよ。でもこの話はまた後ほどにしましょう。とにかく地球における三次元現実空間は、原始的とも言える植物天国になっていくのです。そこに住むことに喜びを感じる人々は、自然の恵みを満喫し地上の楽園のような生活を手に入れるのです。地球はもともとそのようになるために造られていますし、その自然の意志を無視して病原菌のように荒らす存在は、自然に淘汰されていきます。

それは、多次元の各界の存在理由でもあります。淘汰されるものは、自分から進んで出ていき自分の住みやすい環境を見つけるのです。これが善い、悪いなどと区別をつけますが、それぞれの性質の違いを割り切らなくては混乱の世になります。それぞれの本分を自由に羽ばたかせる生き方が未来の生き方です。

宇宙戦争が存在しない理由は、多次元構造にあるのです。ある程度技術の発達した人類になると、多次元世界を自由に行き来するようになります。すると、波動による色分けによって自分たちの満足いく世界に住めるようになるので、平和な世界に破壊的な力が侵略してくる、といったことが起こりにくくなります。

日本人が天界を地上に降ろす

●2001年1月1日の対話

プレシイ　21世紀ですね。おめでとう！　波乱に満ちそして新たな発見数多き千年紀へ！　今までは20歳代のプレシイが話していましたが、今日からはしばらく30歳代のプレシイになります。より精神性深い内容になっていきますから、お楽しみに。

早速ですが、まず日本のことを話しましょう。日本は20世紀頃からはっきりと、世界の中心であるという真実に目覚めてきました。未だ世界的には認められてはいないが21世紀には、確たる真実が続々と発表されていくでしょう。

まず縄文、それ以前の文明の真実です。すでに意識的にも無意識的にもアカシックレコードを感知する人が増えてきていますので、隠されていたものが見つけられやすくなります。オーパーツですね。どんどん明かされ、その当時の生活や技術の復活が起こります。

日本人は「神国」意識がどんどん高まり、天界を地上に降ろすという作業を行うことになります。「ミロクの世」(神人和合の平和な理想世界)実現というキャッチフレーズが、だんだん前面に出てきます。

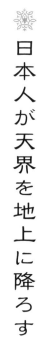

縄文以前の生活は、神人和合の世界の神話に出てくる「黄金時代」です。古文書の真実も明かされます。それら諸々のことで世界はあっと驚き、最初は攻撃がきついですがだんだんそれが崇敬へと変わっていきます。世界統一への第一歩になります。

しかし日本人の中では大変な混乱が起こります。はっきり言って「ついていけない人」が多く出てきます。事実に背を向け、よその国へ移り住む人も出てきます。中心を掲げるからには大変な責任があるわけです。国民一人ひとり精神的に堪えてきます。

20世紀の時点で精神世界に馴染んでいた人たちは、比較的容易に受け入れ、さらに現実的に関わりミロクを作り上げていきます。今からでも遅くはありません。そう、21世紀に生きるあなた方、この話を信じるか信じないかは自由です、フィクションでかまいません。でも、実際ヴィジョンをもって作り上げていく当事者ですね。そのヴィジョンのヒントとしてこの話を聞いてください。

結びつけ、まとめ、愛情を注ぐ

プレシイ　まず縄文以前の技術というのは、精神力と、自然の潜在性をミックスしたものです。精神力とは主に、集中力、想像力、親和力、観察力、表現力、を鍛えたものです。これは皆楽しい気持ちで真剣に仕事、作業をしているときは誰でもフル活用しているものです。それを研ぎ澄ましていく。訓練のかなめは〝親和力〟です。結びつける力。まとめ、愛情を注ぐこと。全ての基本にそれが必要です。

全てのものが「和」することをいつも念頭において物事を始める。これはやはり「大和」という〝和名〟からも日本の心棒だということがわかります。自然に対しての姿勢にそれが一番出てきます。昔話をもう一度読んでみてください。動物たちや、川の流れ、風の音、石のつぶやき、持ち物全てなどなどが皆話します。

日本だけでなく世界の昔話は皆そうです。それが自然の潜在性です。物理的な研究をし、解剖分解していてもその物質は自然が作ったものであり、語りかけてきているのです。ですからいろいろな発見などができるのです。

この童話的な感覚を大人も忘れてはなりません。アニミズムや神話伝説、おとぎ話、これには真理がたくさん含まれています。この世にあるもの全て皆話しています。言葉、言霊《ことだま》を発しています。心を澄まして、魂で聞いてください。素直な気持ちで心を開放してください。それが自然の潜在性の無限の力を受ける第一歩です。

無邪気になったとき、そこに精神力が加われば神のごとくの行いができます。小さな子どもは無邪気ですが精神力が発達していない。大人は精神力を鍛えられるが、無邪気さを失いがちです。どちらも必要。理性や道徳はそこから出た枝葉です。

以上のことは、全ての人にとって基本になることです。この当たり前が素直さを失ったばかりに当たり前でなくなった。全ての学問にこのあたりのことを、省かれてきたものを組み込んでいくことで、〝太古の技術は復活〟します。今まで積み上げてきたものを否定するのではなく、まだまだ足すものがあるのです。もっともっと総合性、統合性を持たしていくのです。全て包みこみ、育てていく。

女性は比較的これらのことが当たり前にできることが多いですね。ですから、21世紀からは女性の時代。女性が表に裏に活躍します。彼女たちが天と地、過去と現実、未来までもつなぐ役目をしていきます。

男性はだんだん女性に憧れるようになる。女性化が進みます。女装する人が増えるのは止められません！　また、生理学的にも女性性が強くなります。環境ホルモンだけではありません。女性の本来の強さが復活します。さらに発揮できるというか……。そうですね。例えていうと、一般的な鳥の社会に近くなります。

イザナギ、イザナミからのしこりをほどく

私　男性がおしゃれして女性が選択権を持つような？

プレシイ　そうですね。単純にいえばそのようです。芸術、特に視覚的なものが発達します。表向きに目立つことをするのは男性の本来の性です。それが十分に発揮できるのは創作活動です。悪くいえばますます遊ぶことに夢中になっていきます。

その間に女性はこつこつと確実にミロクの基を作っていく。女性の創造と男性の創造とは、少し質が違うのがわかりますね。もちろんどちらも必要です。またはっきりと分けられるものではないのは言うまでもありませんけどね。一般的に言う男らしい男性も存在しておられますよ。でもその辺りも混乱の元になったようです。男性の女性性の開放、女性の男性性の開放は思っている以上に深い問題を秘めています。離婚や少子化も深刻な問題です。21世紀の半分ぐらいかかってイザナギ、イザナミの時代からのしこりをほどいていきます。数千年以上の、人間勝手な取り決めの総決算の世紀が21世紀です。

精神的な大戦が第三次世界大戦です。この大峠を21世紀は越していきます。これが最終戦争の本当の意味ですね。ですからある意味では20世紀以上に波乱に富んだ世紀となるでしょう。

真に美しく幸福な24世紀の姿

●2001年2月7日の対話

プレシイ　本当のことを言いますと、一時期は壊滅状態にまで、京都も含め各都市は荒れたことがあるんです。人間は痛いまで頭を打たないとわからないことも多いんでしょうね。でもなんとか平和な時代になりましたから、安心してくださいね。大文字の火もちゃんと続いています。

あらゆる時代を通して、宗教的にも政治的にもいろんな事件がありますが、認めあい無条件に人の心を打つ、感動するものなどは普遍的であり、ずっと守り続けていくことは子孫の義務だと思っています。

自然淘汰でなくなるものも多いです。でも時代に練られて粋が極められ文化が花開いてゆく。特に文化都市京都はその部分を守り抜いてきました。これからも他の地域とともに先人の知恵を生かしながら、日本の良き生活を続けていくことでしょう。

私たちはあなた方の子孫です。私たちのためにこの地球を愛してください。大切に自然を守ってください。そしてあきらめないで、技術革新を進めてください。より天地に則った方法を見いだすことができます。未来からのメッセージ、高次元からのメッセージによって発明発見してください。また人間の欲からあらゆる実験や、試みが行われるでしょうが、選択するのは個人の自由意志です。それらの一見夢のような技術に振り回されないように、いつも自然のリズムを意識して生活をしてください。だんだん本当に必要なものが見いだされてきます。

21世紀は心の時代。本当の生き方を見いだし、確立していく大切な時代です。迷いも多く物質的にあらゆるものが溢れていきますが、心の真に深い声を聞ける時代でもあります。煩雑な中で自分を失わないために、より深く真理を求めていくのが人間です。安心して、自分を信じて時代を信じて前向きに生きていってください。

なんか演説みたいになりました。私は実際21世紀の状態を見ていると不安になるんです。でも、変移がわかるので末世的ではありませんが。とても私たち未来人や、異星人もあなたの時代に住みたいと思いません。もし肉体をもってそこに置かれたら、死んでしまうでしょう。正直言って耐えられないものが多いです(著者注：有害物質、公害や農薬、添加物、攻撃排他的、いじめやネットの害などか)。

でもそういう害の多いものもだんだん淘汰されていきますから、私たちは見守り応援するしかありません。真に美しく幸福な24世紀の姿を送ることで、子が親に見せるように子孫の元気な姿を見てもらって安心してヴィジョンを新たにしてもらうしかありません。過去世のあなたはよくその世の中で頑張って生きています。皆さんもそうです。希望を失わないで素敵な想像をしてくださいね。もちろん自然生活なども各自で実行してください。お願いします。

私　何だか、身につまされました。私たちは子孫のために、できることを精いっぱいしていかないといけないないですね。

　ところで21世紀では温室効果は悪いことのように言われています。そして、極地の永久凍土や海氷が溶けることを危惧しています。その辺りはどうなっているのでしょうか？

プレシイ　はい、心配はよくわかります。21世紀で相当海抜が上がりました。水没したところも多いです。でも古代にあった大陸が沈むような、大がかりに一気に洪水が起こることはないです。それよりも温室効果により、砂漠が潤っていったことのほうが重要です。また地殻の変動により、隆起する場所も多いです。大がかりに島や地面が盛り上がることが起こります。こちらの方が注意が必要です。マグマの働きが活発になってきていますから。21世紀の後半ぐらいから噴火など激しいものは減ってきています。

輪廻は時間の流れ通りにはいかない

●2001年3月26日の対話

プレシイ　20世紀で少数の人たちが真剣にミソギ祓いなどをし始めるようになり、だんだんと数が増えてきて現実のことだけでなく、心や霊、魂が存在し、目に見えないそれを清め鍛えることがどれだけ大切かが、どんどんわかってきました。本当に皆さん＝ご先祖様の努力のお陰で、私たちは平和を満喫できますことを心から感謝いたします。

私たちは現実にワクワクすることがいっぱいで、少しもじっとしていられないくらいです。しかし、過去のアカシック記録を見てみると、大変な時代が長く続いたことがわかります。私たちは、先祖様への感謝の印にこうやって愛と平和の波動を送っているのです。宇宙の友人たちも同じです。タイムマシンや宇宙船などであなた方の時代を訪問している者のほとんどはこのような博愛精神から伺っています。

20～21世紀で自殺したり、凶悪犯罪に走ったりしてしまうのは、ほとんどが地球にそぐわない魂です。よほどの改心をしないと高次の波動に乗れません。また、苦しむ魂に引きずられる人も多くいました。

21世紀は特に自分をしっかり持って、未来に希望を持ち、他人を気遣い、宇宙的視野を持ち、神仏の存在に感謝し、ご先祖様の努力を尊び、自然を愛する心を培うと言う、本当に人間として当たり前のことを実行することが大切ですね。

完全にできなくても、できるだけ意識してそうなるように努力することが、魂によい波動を刻みつけることになります。あなた方の時代、地球規模で波動が乱れているので難しいですが、頑張ってください。私たち未来人や、宇宙の方々、神仏、高次元存在など皆見守っていますから！

それらのことから逃げ出したり、無視したり、また曲がった意識を持ったりそれを人に植え付けたりするものは、調和を乱し波動を落とすことなので、そういう魂は死後さまよい、平和な地球になっても生まれてくることもできません。他の波動の低い世界へ移っていくものもあります。過去の戦乱の世に時間を越えて生まれ変わるものもいます。輪廻は時間の流れ通りにはいかないのですよ。後戻りする人もいます。自分で選んで過激な世に生まれる人もいます。その辺りは全て自由意志なんですよ。輪廻の輪からは逃れられないけど、輪の中は自由に選べます。

悪人がもし天国へ来たら、面白くなくてすぐに逃げ出してしまうでしょう。よく、極楽の蓮の上に座っていたら退屈じゃない？　と言ったりしますね。極楽は退屈ではないのですが、美しく平和な世界が面白くない人はいますね。そのようなものです。21世紀で心底平和を願ったものは、平和な時代に生まれます。どうですか？

死後の世界は生前の意識状態で決まる

私　私はやはり平和を願います。だからプレシイになったのですね。
プレシイ　そうです。平和を願い、平和な世界をこの地球上に築きあげていきたい、と真に願った者の住むところ。それが我々の時代です。そしてより広く宇宙規模で発展していきたいと願う者の。

ここでちょっと生まれ変わりと、死後に行く世界との関わりを少し話しておきましょう。今までにいろいろな方が死後について書いていますが、これから話すことは我々の時代の捉え方です。過去の記述と共通点も多いと思いますが、ご参考までに。

死後の世界はその人の生前の、特に死ぬ前の意識状態で決まります。人に恨みをもって死んだ人は恨みの波動の界へ、でもそこで意識が変わればまた違う界へいけます。それは生前関わりのある人の祈りや、愛によって霊人は癒され、自分の迷いや間違いに気づけるからです。本当に亡くなった人に祈りを捧げたり、勇気づけたりするのは確実に届いているのですよ。またいつまでも現世に引っ張るのは一番いけませんね。

高次の霊や神仏に守り導かれるように祈ることはやはり大切です。近い関係の人がそのような生活をすると、霊人も影響を受けます。一緒に学べるんです。その真実を知っておいてください。

供養と言うのは供に養うと書きます。供（共）に影響しあって、同じ地球人として生きているんです。肉体あるなしにかかわらず、地球人でしょう。

生前より感謝の生活や、霊的、神仏的な意識を持って生きた人はスムーズに波動の高い界に行けます。

そして、そこから地上に向けて高い波動を降り注ぐことができるのです。現世と来世は本当にいつも影響しあって、つながっているのです。ある程度の高次の意識状態にある霊人は、自分の意志で生まれ変わりを決められます。高次の界に長く住むこともできますが、地上で役に立ちたいと思ったら生まれ出る決心をするのです。

21世紀より以前に生まれ出るのは勇気がいります。役割、目的をしっかり持って生まれるのですが、なかなか思い出せなかったりいろいろ苦労したりします。それはその時代の波動が低いので、十分に霊が発動できないからです。あなたはまさにそうですね。極楽的な界に長くいたので、20〜21世紀はとてもつらいですね。

私　やはりそうでしたか。以前、守護霊様がそのようなことを言われていました。現実になかなか馴染めないです。いい年になっても。言葉通りですね！

プレシイ　でもあなたが頑張ったお陰で、私が楽な生活をしているんですよ。ありがとう。そして、そのお礼にこのメッセージをしています。自分から自分へ。

私　面白いですね。でもなんか素晴らしいなと思いました。ドキドキしてきました。

プレシイ　皆いずれ自分の分身に出会い、多次元に存在する全ての自分に会い、自分の仏性、神性にも会い、宇宙の仕組みの中で生かされていることに気づくでしょう。自分に縁のある神仏などは自分の中の高次の部分の現れです。皆誰でもそういう部分があります。そこで、自分は高い神様がついているから偉いなどという意識になると、おかしくなります。たいがい自分の好む神仏があなた自身ですから。素直に受け取ってください。自分を拝んでいるんですね。それに気づいてください。

ですから例えば、天照大神はたくさんおられるのです。皆の心の中に宿っておられます。天照大神を名乗るお告げが何人の人に降りても嘘ではないんですね。全ての人に日の光が注がれるように、光は降りてくるのです。どのように捉えるか、どれだけ深く多く受けるかは各自の器と、意識の澄みきり度の違いだけです。

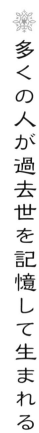

多くの人が過去世を記憶して生まれる

●2001年4月23日の対話

私　なんとも不思議ですね。死後生まれ変わってプレシイになるのだけれど、死んでもいないのに今未来を体験している感覚です。意識では未来に住むような感覚もときどきします。

宇宙時空とはこういう感覚なんでしょうか？

プレシイ　そうです。その感覚をもっと経験していったらよりスムーズに移界できますよ。私は過去世を記憶して生まれましたから、あなたが生きている間にそういう意識状態になるということですね。

それはあなたが特別ではなく、21世紀の多くの人がそうなっていきます。現世の閉鎖時空に囚われない意識状態をだんだん体験していきます。まあゆっくりと楽しんで体験していってください。皆さんもたとえ顕在意識には上らなくても潜在意識では体験しているものです。

これからの時代の波動に乗ると、何かの拍子に意識できるようになっていくでしょう。なるべく自然体でいてください。無理に能力開発などせずに、自然の声を聞きながら感謝の日々を送れるよう努めてください。その方が自ずと開けていきます。意識しすぎて、かえっていろんな技に惑わされないように注意してください。真実のものほど単純で素朴で自然だということを、忘れないでください。

イラスト：ままりん

大我は変化を生み出し創造する

●2001年7月20日の対話

プレシイ　さて、いよいよ多次元多層世界のことを話すときがきました。あなたはこの2ヶ月の間関連する情報にたくさん出会いましたね。それは偶然ではなく、よりこれからの話を理解するうえでの予習でもありました。人に伝えるためにあらかじめ専門的な分野外のことも学ぶ必要がありました。少しは伝えやすくなったようですね。

私　そのお話が来ることは予想していました。とても複雑な事柄だと思うので私がどれだけ受けられるかわかりませんが、よろしくお願いします。

プレシイ　まず、一人の人間を見ます。肉体を持ち感覚器官があり、それで生活し現実界で生きていくことができます。生まれる前のことを白紙に戻し、この世で生きやすくするために現象界のことを大急ぎで学んでいきます。生まれる前の世界のことや過去世の記憶は、最初は邪魔になります。しかしすっかり忘れてはいないのです。全てそれらが因となって、生まれた環境が決まります。

肉体を持たない世界は、現世と常に混じり合っています。逆に、不可視世界の中に可視世界が特別に存在するというほうが正しいですね。宇宙は御存知のように漆黒の闇に無数の星が輝くところです。そのように闇、目に見えない空間が全てを占めているのです。それは宇宙時空という、変化の法則で成り立っています。進化や退化はなくただ変化があるのみです。進化や退化の観念は宇宙にはありません。ただ変化と見るだけです。このことをふまえてこれからの話を聞いてください。

自我と大我という言葉を御存知ですね。自我は簡単に言うと、個人が他人との区別を認識する意識です。人間はこれをはっきりと認識できる生き物です。動物や虫などは人ほど自我が強くありません。種の集合意識の中の一部として認識しているものがほとんどです。

大我というのは神の意識といわれ、ハイヤーセルフといわれるものです。それは一種の集合意識でもあります。人間という種の全ての意識の総合されたもの。それは宇宙全てと直結し、あらゆる多世界次元ともつながる。動物などとの違いは、それを認識できるかどうかです。そして表現し、変化を生み出し創造していく能力。

植物にしても宇宙のことは全て知っています。とにかく存在するものは全て、宇宙のことを知っているのです。宇宙そのものでできているからです。全ての物質に全てのことが刻まれています。どれを取りだしても全てに通じ、全てがわかる仕組みになっています。

界はキャベツの球の構造

プレシイ　アカシックレコードは宇宙全体の記憶です。ですから人は死ぬと全てがわかるのです。臨死体験者が言っていますね。肉体があるとそれが制限されます。わざと全てわからない状態に作られています。他の動植物は人よりはるかに宇宙のことを知っています。なぜだと思いますか？

私　肉体感覚が薄いからですか。認識が本能に基づいているから。人は満足しないため？　人間は他の動物のような優れた能力に欠ける、または本能なども制限されることによって欲や創造力が生まれるから？

プレシイ　その通り。動物は環境によって変化、進化しますが、人は環境を変化させることができる生き物です。もちろん環境の影響も受けますが、少なくとも住環境は整えられます。氷の世界でも部屋に入ると半そででいられるほど温かい環境などです。動物は冬眠や、身体の油を増やしたり毛皮を厚くしたりして環境に適応しますが、人はそれ以上のプラスアルファができますね。それで反自然的だといって環境破壊や身体に影響がでたりするわけですが、これからは、その環境ともうまくバランスをとっていける技術が開発されていきます。

宇宙はもともと素晴らしいバランスで、完璧なんです。その中に、変化するいろんな世界を作ってあるようです。それぞれを取ってみると完璧ではないけれども、全てを見ると完璧なんです。破壊も創造も全て完璧な宇宙の中での出来事。調和こそが宇宙そのものです。古代の神話などに「神は退屈なので、夢を見た」とあります。その夢がさまざまな世界だといいます。

皆も神です。皆も夢を見ています。夢の中でも夢を見ます。奇々怪々の世界ですね！　その夢にはそれぞれ決まりがあります。それぞれの世界の法則があります。各界の様子が大きく異なるのはそのためです。多様性は感情を生みだします。摩擦を生み出します。変化を生み出します。常に宇宙の中全てが動いています。存在する全てが変化しています。

まず、次元について話しましょう。わかりやすくいうと、〝認識のできる多さによって階層が決まる〟ということです。宇宙そのものの意識、認識が究極の次元です。究極の認識イコール神は、全てを知っているということです。宇宙＝全知全能の神意識ですね。そこから少しずつ認識範囲が狭くなっていくという仕組みがあります。それは物理的に階があるという感覚とは異なります。階は、表現としてビルの高さなどで例えられる階層、ヒエラルキーというわけですが。階ではなく界です。高次の認識を持つものの世界ほど、宇宙意識を認識掌握しているということです。ですから、より自由自在に宇宙を駆け巡ることができます。認識範囲が狭いものは、調和から離れることになります。より摩擦が強く、物理的変化も早いです。

また面白い例えをしてみましょう、キャベツを想像してください。一番外の大きい葉が最高の認識を表します。全てを包み込み全てを守り、内部を全て知っています。だんだん内側の葉になると小さくなり、自分より内の葉のことはわかりますが、自分より外の大きな葉のことは計りしれない。一番中心の葉は小さくて成長過程にあり、伸びることばかりを考えています。ここではやがて外から朽ち果て、中から茎が伸びて花が咲くという自然の変化成長はさておき、キャベツの玉の構造に例えて見てみましょう。うまく伝わりましたか？

私　**なんとかわかりました。ビルのように上に乗っかる高さではなく、包み込む大きな認識ということですね。またピラミッドで例えられる構造とは逆のようですね。階級制がどんなに宇宙の仕組みを逆にとっているかがわかります。だから不調和を生み出すのですね。**

プレシイ　そうそう！　包み込み守るという愛の働きが宇宙の仕組みです。そこから調和が生まれます。生命あるものは皆玉状の光からなります。だから〝たましい〟といいます。肉体を持たないものも生きています。現実世界では肉体を離れると生きていないことになりますが、本当は変化しただけで、魂は生きています。この宇宙は魂の動き溢れる生き生きした世界です。可視、不可視にかかわらず。

存在は存在であり、非存在は存在しないので感知しようがありません。闇は必ずしも非存在ではありません。人間の知覚で認識できなくても、存在するものはあります。永遠の命と、現実界の肉体の命と混同してはなりません。以前魂の遍歴でいいましたように、永遠に生きているのです。しかし魂は変化します。

魂・霊体・肉体の3重構造

魂が消滅するといわれることがありますが、それは消え去るのではなく分解して形を変えるだけです。宇宙はリサイクルが基本なんですね。あらたに生まれるように見えて全てが巡っている。元素が変化していく。無限の組み合わせの中で。ある意味ではとても単純な仕組みです。

以上の説明で宇宙のおおまかな仕組みと、人の魂はどういうものなのかを簡単に話しました。ここでもう一度人を見てみましょう。あなた方はさまざまな見解がありますが、少なくとも我々はこのように見ています。魂が霊体をまとい、霊体が肉体をまとっている。大きく分けて3重構造になっています。

〝魂〟が大我です。その人の魂の遍歴を全て認識している宇宙そのものです。ハイヤーセルフといっているものです。〝霊体〟は肉体とのつなぎのものです。私たちは〝心〟そのものが霊体だと見ています。霊体は姿がころころ変わります。ですから、言葉的にも〝こころ〟ですね。いくつもの姿を同時期に持つこともあります。

肉体がなくなると、霊体が分離します。幾つもあると、いろんなところに霊が存在することになります。幽霊などはたとえその魂が生まれ変わっても霊体のみで存在しているものです。多くの人は幾つも霊体を持っています。同時期でなくても。全てが幽霊ではありませんよ！

いろんな世界を経験するために幾つもの世界に霊体を持っています。

大我の認識能力が高いものほど、霊体を自由に意識して動かすことができます。それが分け御霊《みたま》の仕組みです。いくつもの自分を意識しながらいろんな世界で生きていける。それが我々未来人の生き方です。

幽霊というのは迷える霊体です。魂＝大我との連絡が途絶えて迷子になったものです。連絡が取れるようになれば大我に吸収されたり、変化して調和の取れた霊になったりします。霊魂という言葉がありますが、これは私たちは、調和の取れた魂霊一致の状態をいいます。人は普通この状態で生きています。

面白い例えがあります。〝魂〟が会社の社長さんとすると、社員が〝霊体〟とでもいいましょうか。社長は全てを掌握しています。社員はそれぞれの部署での経験を積んでいるわけです。部署がそれぞれの世界です。そして会社につくし、それぞれの働きを報告します。退職したのが幽霊？　単純な例えですが、感覚がつかめましたか？

だんだん本当の歴史が明らかにされていく

私　イメージしやすいですね。部署イコール多世界、または多次元世界。自分集めということを聞いたことがありますが、過去世回帰や瞑想したり、守護霊などを知ったりするといろんな時代の自分と遭遇できます。そして、さまざまな界の存在を身近に感じたりできます。それら全ては自分に縁があるという以上の、自分の分身でもあるのでしょうね。たとえ守護天使でも自分の天使意識の現れといえるでしょうし、守護神でも自分の神意識の部分ともいえますね。

プレシイ　そうです。あなた方の時代はその辺りのところがようやくつかめてきたところです。そこからだんだんそれぞれの世界、時代をリアルに経験できるようになっていきます。チャネリングのような方法で、自分の過去世の時代にアクセスできます。それは意識のタイムトラベルです。それが実証されてくるでしょう。単なる夢や想像ではなく、真実であると。意識レベルでアクセスできる人が増えていくと、個々の証言を総合してだんだん本当の歴史が明らかにされていきます。アカシックレコードが読めるようになるまでは、このような方法で歴史の確認がされていくでしょう。

隠れて悪いことはほとんどできない

プレシイ　我々の時代はあなたが思っているように、人間インターネットになります。そしてアカシックレコードともつながれるようになると、記憶や情報をどこかにためておく必要がなくなるのです。秘密は実質できなくなります。ですから隠れて何か悪いことをするのがほとんど不可能になっていくのですよ。

あなたの時代でもどこにでも目がある状態でしょう。昔に比べて白日の下にさらされる率が高くなったはずです。メディアの発達で、世界中の細かなことまでわかりますよね。それがもっともっと深い人の心の中までわかるようになるのです。だから嘘もつけず人もだませない。セキュリティはある程度は確保する技術はありますが、全て見透かされる状態になっていきます。

私　嬉しいような恐ろしいような。それが落ち着くまでは混乱するでしょうね。でも大昔から神は全てを知っており、何をしていても見透かされているといいます。現代はその意識が薄れて人にばれなければ何をしても良いような、ひねくれたところがあります。

プレシイ　そうですね、困ったものです。でも、あなたの時代でももう起こっていますね。透視能力を持つ人はとても増えています。それで悪事を働く人も出てきますが、結局はそれも見透かされるんです。ですからだんだんいろんな事件は解決が早くなっていきます。

「神の使い」は未来人・宇宙人であることも

●2001年10月2日の対話

プレシイ　21世紀始まって早々の大事件が起きましたね（注　9・11アメリカ同時多発テロ事件のこと）。皆さんの心の動揺がダイレクトに伝わってきます。私は敢えてあなたの時代の情報をこと細かに知らせることをしません。それは私にとっては全て歴史上の事実であり、動かしようがないことがほとんどです。それゆえにあなた方にとっては確実な予言になります。個人的に必要に応じて知らせることもありますが、まずおおよそのことしかいいません。これは未来人にとってのマナーであり、犯してはいけないことのひとつです。未来予測をする人は多いですが、外れることが多いのはちょっとした仕掛けがあるからです。

未来人はアカシック情報を守っています。未だうまく見ることができないときに無理やり見ようとする人や、偶然見えてしまうことがあるのですが、それが大事件に結びつかないように細心の注意を払って管理しています。これは本来は神のお仕事ですが、我々の時代以降は天の使いとしての役割を担う人が増えていきますので、深く神のお仕事に関わっていきます。昔から天使、神の御使いと言われているのは未来人、または宇宙の仲間であることも多々あります。

天使霊とはまた違います。またいずれ霊的な天使霊については説明いたしましょう。時空の旅人である未来人は歴史上いろんなところで不思議な役割の人物などとして登場することがあります。あなたの時代にも現れたりします。でもおおっぴらではありませんよ。

さて、今の世界の緊迫した状態は当分治まらないです。多くの方が感じているように、もう後には引けない放出エネルギーの時期だからです。火のエネルギーはまだまだ水のエネルギーより優勢です。マヤ暦の終わりのとき辺りから、本当のアクエリアスの時代に突入します。それでも急に変わるわけではありません。その前から徐々に交代していくのです。

天降る水が地球全てに満ち満ちるのは100年以上かかります。2012年ごろから臨界点を越えるのです。水のエネルギーが優勢になります。宇宙のエネルギーの根本は水でできています。元々は水から全てが生まれました。水とは水素原子でもあります。そこから火も発生します。

神のエネルギーも水を通して発現します。神は水であり、水蒸気でもあり、霧や雲、雪でもあります。もちろん川や海でも。雷は火のエネルギーですが、水の介在がなくては発現しません。

火をおこすのも鎮めるのも、水の働きです。水が滞ると火種になります。石油やガスは水の変異なのです。乾燥すると火が立ちます。水がなくなるように見えて、水素が深く関係して火が起こります。人の心も同じです。心がふさいで気が滞ると、うつになったり、いらいらしたりしてカッカします。心が渇くとまた欲求が満たされず、単にお腹が空いてもいらいらしたり……、心が潤っていない状態というのは争いの元となります。

顕在意識と潜在意識の融合を意識して開発

プレシイ　中東を見てください。全ての条件があるでしょう。彼らはその環境に昔から順応し、マイナスをプラスに変えるべく厳しい宗教を生み出しました。または神は彼らに教えを垂れました。彼らの宗教は、本来生活に密着した素晴らしい生きる知恵の宝庫なのです。それが石油消費時代になり、ますます火のエネルギーが強くなりすぎていき、今までの教えでも追いつかないくらいになってきました。バランスを崩し、過激な思想に走るものも出てきたわけです。火は火を呼んだので、争いの絶えない地域になってしまったのです。

これをおさめるには、あなたが先日ハイヤーセルフから受けたメッセージのように、石油を掘ることをやめることしかありません。またそうしなければ当然地の中の状態が変わっているので、大きな災害にも結びつきます。石油は地球の大事な体液です。もうこれ以上抜き取ることは許されていません。近々やめざるを得ない状態がやってきます。

それまでに替わりの、これからのエネルギー技術を確立していかないとなりません。性急に進められています。一気に公開され実用化されていくでしょう。環境問題ともリンクして、どんどん私たちもメッセージを送ります。技術関係、開発、世界を動かせる力のある人々に対して、積極的にアプローチしていきます。心を開いて精神的にクリアになるよう心がけている人には、スムーズに伝わります。

私たちは宇宙の友だちとともに、あらゆる安全な手段を使ってこれから特に援助していきますので、皆さんアンテナを立てて、いつもクリアな状態にしていてくださいね。いろんな感覚でキャッチできるようになります。もう100匹目の猿は現れているのです。もっとリアルにそれに気づいていてください。

どんなことがあっても、うまくいくことを信頼してください。あなたは私であり、現在は未来の子ども時代ともいえますから。しっかりと明るい未来を想像して進んでいってください。もう後戻りはできず、進むのみだということを！

20世紀の世界大戦の原爆投下を合図に、爆発的に発明発見がなされ、技術革新が始まりましたね。この爆発は宇宙中に波紋を広げていったのです。多くの宇宙存在、他世界の者たち、もちろん未来人や霊界の者たち全てが地球に目を向けました。それで懇親の援助が始まったのです(もう放っておけないということで)。

それはインスピレーション力と、コンタクトできる能力の進化を促しました。霊界や神仏の界、天使や未来人、宇宙人などからの情報がキャッチできるようになったから、あらゆる分野でどんどん開発が進んだのです。

人類の多数が能力の進化状態に入る

プレシイ　しかし、まだしっかりと見えない世界からの援助を意識して、アイデアやひらめきを受けたのだという人は少ないですね。自分の努力だけと思っている人が多いです。〝我〟でもって進めてきたところに文明の危うさがあるようです。

でも21世紀からはもっと謙虚に見えない力や存在を認め、それとともに自分がその一部であるという感覚で、顕在意識と潜在意識との融合のような形を意識して、開発が進んでいくでしょう。それが真の未来への足がかりとなるのです。この意識をもっと浸透させるよう、皆さん広めてください。自分の行動として、言葉として。私のこの会話を公開していただいても結構です。

私　**よくわかりました。プレシイのこの「未来人との対話」を一般に公表するのは、やはりまとまってからというか、一応区切りがついてからの方がいいと思うのですが。**

プレシイ　そうですね、時期があるでしょう。今年いっぱいは無理ですね。来年から可能になるでしょう。最良の方法で展開することをイメージしてください。多くの協力者が現れるでしょう。楽しい企画になりますよ！

それでは続きに戻りましょう。霊界、死後の世界はまた、時空、次元移動の拠点でもあります。生きている人でも、自分の霊体でもって、霊界に行くと、時空、次元移動が可能になります。

また、ある技術で霊体を意識しておくだけでも、いろんな存在からの情報などをキャッチしやすくなります。その方法が多くの人の守護霊や、周りの存在霊の助けで行われるのです。心を研ぎ澄ませていないと悪霊と波長が合うというのも、何度もいいますが人類の多数がこれらの能力の進化状態に入っているからです。その注意さえ怠らなければどんどん高次の存在や界とつながっていき、天界を地上に降ろすという作業が実現へと向かっていくことになります。

2001年9月11日の犠牲者の多くは、現在10月2日時点では次元移動の準備をされています。あまり現世に呼び戻すような祈りはしないようにしてください。速やかに光の中へ進み、次元移動できるように祈ってあげてください。私たちも、中間界というところで援助させていただいています。

それで、私からのしばらくあなたへの通信が途絶えていたのです。私もこのような霊界で働くときは、全身全霊をもってその場に向かいますので、他の仕事は同時にできません。あなた方の多くも未来人になると、このような仕事にたずさわるようになります。いろんな能力、視野が身についたということは、役目も広く、深く重大になってくるのです。でも無理をせず、流れにまかせて、愛の力に後押しされて行いますので、ちっともつらさを感じません。苦しみで行うことはできないのです。霊界は嘘のない世界ですから。

遺伝子の中にいる先祖に報告する

プレシイ　話を戻します。その中間界では現世と死後の世界との狭間で、うろたえている人が多いのです。産業革命以前は、厚い信仰心で僧侶や牧師などの御経や祈りを信じて、救われる人が多かったのですが、今はあまり通用しなくなっています。そこで未来人（その人の来世の存在も含む。あなたと私のような）や、生前にその人が信頼していた存在が直接現れ、導いていくのです。

ヴィジョン能力が優れているのが、20世紀後半から21世紀にかけての人たちの特徴です。自分の信じるものを呼び寄せる力が強いのです。今年中には爆発的にさまざまな援助が増えます。彼らが時空を越え、超時空から働きかけることができるようになるからです。現世の出来事全てが加速されます。あと数十年もすると、次第に中間界はなくなり現世に吸収されていきます。それは次元上昇のひとつです。次元上昇はある界がなくなり、または吸収され次元の段階がずれて変わっていくことをいいます。

五次元までの道筋は、界がいくつか変化することによってなされます。だから一気に起こることはないのです。もうすぐ魔界が次元移動します。これは一番大切で大きな次元上昇のステップです。今あなた方はそれに向かって一気に進んでいくところです。魔の存在たちの最後のあがきに巻き込まれないように注意してください。皆さん今特に必要なのは、先祖さんに対してあなたの学んでいることを報告してあげることです。先祖霊の多くは迷っておられます。それは真実をそのまま伝えられていない時代が長かったからです。

人の念が固まってできた、〝幽界〟と俗にいわれる界に住んでいる霊たちが多いのです。それは例を言いますと、最近では第二次世界大戦時代に植え付けられた軍国主義的な思想で凝り固まった界などもあります。彼らはその界で未だに戦争を続けていたりします。地球上のあらゆる国でそのような界があり、同調する界どうしは地上の国と国のように外交や戦いをします。

しかしこれからは次元が変わっていくにつれ、高度な真理の世界の波動が全ての界に浸透していきますから、それにそぐわない界は徐々に消滅していくことになります。霊界の先祖霊たちの多くは、神仏などと深くつながることなく、子孫であるあなた方を通して真理を学ぼうとします。それはあなたと私の関係にも似ています。昔から時空を越えた学びというものがされているのです。霊界から現界へというのが多いですが。

また信仰心が厚いものでも、それの対象が真理の存在でない場合、思想やまちがった宗教などは真理の光に照らされ、その界から消えていきます。すると今までそれらが光を放ち守り導いてくれたかに見えたのに、消えていくのを見た彼らは慌てふためくというわけです。頼れるのは子孫のあなた方だけです。これは重要な真理ですが、唯一どの界でもつながれるのは〝現世〟なのですから！

世界中の神は同じ「地球人がキャッチした神意識」

プレシイ　生前から真理に目覚めていたひとは、直接真理の世界に行きます。そして多くは現世に光や教えをもたらす存在になります。

あなたの〝根〟の部分であるご先祖さんに対して、心を込めて祈ってあげてください。またあなたのご先祖様は、遺伝子の中におられます。科学的に見ても事実でしょう。肉体レベルでの自分自身なのです。過去世もあなたの魂レベルの真実です。

祈りやあなたの言葉は速やかに霊界に届き、彼らの意識が変わります。すると、霊界も変わっていきます。それは現界にも影響を及ぼし、次元上昇を加速化するようになります。あなた方の心の奥の根の部分も変わっていきます。目に見えない世界のことを真剣に、科学的に、理性的に考える時代があなた方の時代です。

今まで感覚、観念だけだった霊的なものは、だんだん身近で当たり前になっていきます。また、恐怖でしか霊界を捉えない風潮も、だんだんなくなっていきます。科学や学問は真理を認識するための手段です。必要だから20世紀に急速に発達しました。それらによって分析すること。個人的感覚から離すという行為が生まれました。いったんいろんなものを分けて離すことによって、真理を得られるのです。

しかし真理を得てからは、統合に向かわなければなりません。21世紀は統合に向かって進んでいます。離れなければ真の統合は行われなかったのです。産業革命以後、20世紀は特に分離に多くの人が苦しみました。文明の急激な発達があったとしても真実の幸せを見失う人も増えました。でもそのステップがなければ、真の統合の意味も、必要性も見いださなかったのです。もう過去を振り返っている時期ではありません。あなた方は素早く統合に向かって努力していきましょう！　時代の波に乗っていってください。

「三千世界の大御祓」と日本の神示に書かれてあります。「終わりのとき、キリストと天国が降りてくる」と聖書には書かれてあります。そもそも聖書と日本の神は同じ神なのです。同じように神託を受けても人種や時代、環境で表現や解釈まで変わってしまうものです。イスラムの神も同じです。ギリシャの神も北欧の神も、ほとんど世界中の宗教の神は同じです。地球人のキャッチした神意識と言ったほうがわかりやすいですね。いろんな条件で捉え方が異なるだけです。

20世紀後半の神話研究者は、もうそれを認識しています。そのことが、これから一般の人たちにもはっきりとわかっていくでしょう。すると宗教上の争いもなくなっていきます。神話も歴史上の事実として研究がなされ、さまざまな証拠も発掘されていきますから。楽しみにしておいてください。

未来人からのサポート体制が整っていく

私　ありがとうございました。現世と来世、霊界の関係性が少し理解できたようです。これからは立体思考の時代といわれています。また立立体、復立体なんて言葉もあります。それはきっと見えないとされている世界も、現実存在として考えていくような広い視野を持った思考なんでしょうね。

　真の統合ははるかに広く、深い宇宙的統合になっていきそうです。大変だけどすごい時代に生まれてよかったとときどき思います。

プレシイ　ときどきですか？

私　そうです。どれだけ見積っても悲惨なことが多すぎるから。実際心の底からプラス思考はしにくいですよ。

プレシイ　仕方ないこともよくわかりますが、あなたは強くなってきています。心身ともに。これからはどんどん前向きに進んでいけますよ。

　多くの方と協力しあって、私たちの時代の礎を築いていってください。それがあなた方のお役目ですものね。これからの私たちの活躍を見ていてください。あなた方は放ってはおかれません。どんどんサポート体制が整ってきますから。信頼して、安心してください。

たとえ見えなくても感じられなくても、先祖さんが守っていてくれると昔の人が強く感じていたように、未来人も守っているということを。精神世界とそうでない世界のような区別もなくなります。もうすぐです。

私　そう祈ります。力強いあなたや多くの存在、人々とともに明るい未来を願って楽しく努力していきたいと思います。サポートよろしく御願いします。

最終章

「新時代へのパラダイムシフト（価値観の転換）」

Paradigm Shift to a New Era (Shift in Values)

可能性の世界の現実化

「いくつもの世界線がパラレルに存在している」というのがパラレルワールドの概念である。そこには、私たちが常識だと考えている世界観を大きく突き動かすヒントが隠されている。

ここまでで、「ヤコブの梯子」と「未来人プレシイ」という二つのトピックを紹介してきた。「ヤコブの梯子」では、主人公の梯子氏は、いくつかの異なる世界線へとタイムリープしている。「未来人プレシイ」では、300年後の理想的な未来の世界線から、現在へとアプローチしている。

この両者に共通する点は、「私たちが現実であると思っている世界は、いくつもの可能性の世界線から選択された一つに過ぎない」ということである。

可能性の世界線から、現実世界を選択する……言い換えれば、「可能性の世界が現実の世界となり得る」ということでもある。このことが、俗に言う自己啓発的な精神論ではなく、「宇宙の摂理」として厳然と私たちの前に横たわっているのである。

では、現実の世界とは異なる世界線(可能性の世界線)が、すぐ隣にあるとはどういうことなのだろうか。

マンデラエフェクト

この異なる世界線を垣間見せてくれる出来事がマンデラエフェクトなのかもしれない。

マンデラエフェクトとは、不特定多数の人が、事実とは異なる記憶を共有している現象を言う。つまり、多くの人が同じ記憶違いをしている現象である。そして「常識」的には、単なる記憶違いであり、都市伝説とされてしまっている。

マンデラエフェクトの語源にもなった南アフリカのマンデラ大統領の死期を巡る勘違いだとか、東京タワーの色、漢字の表記、芸能人の死期などなど……数え上げれば切りがないほど、実に多くの「集団による記憶違い」と見なされる事例がある。天日矛チャンネルでも、マンデラエフェクトに関する動画をいくつかあげており、たくさんの視聴者の方からのコメントをいただいている。中にはとても単なる記憶違いでは、片づけられないような内容も含まれている。

もちろん人の記憶というものは曖昧である。単なる記憶違いを事実であると勘違いする集団心理は、心理学的な説明がつくのであろう。実際のところ、マンデラエフェクトのいくつかは、集団による記憶違いと思われるケースもある。

だがそれらの全てを単なる記憶違いとして片付けてしまっていいものだろうか。もし、パラレルワールドの概念が真実であるとすれば、次のような仮説が成り立つ。

まず私たちが現実だと認識している世界がある。この私たちが認識を共有している世界線が現実の世界線であり、「私たちにとっての」本線である。一方で隣には「私たちにとっての」可能性の世界線が、無数に並行して通っている。例えば、東京タワーの色が赤（厳密にはインターナショナルオレンジ）と白なのが現実の世界線だとすれば、別の世界線では、赤一色だったりする。現実世界と近いところの並行世界は、少しだけ形を変えている。漢字のつくりが違っていたり、企業のロゴが違っていたり……

理由はわからないが、何かの拍子に近いところの並行世界を垣間見るのがマンデラエフェクトである。「垣間見る」という表現をしたが、ひょっとすると本人は気づいていないだけで、すぐ近くの並行世界に移動しているのかもしれない。

先の東京タワーの例で言えば、東京タワーが赤一色の世界線から、この現実世界である赤と白の世界線へ移動したことになる。とても些細な変化なので、本人は移動したことにすら気づいていていない。

そして移動した人が増えてくると、「あれ？　東京タワーの色って赤一色だったような……」という集団としての「記憶違い」が形成され、マンデラエフェクトとなるというわけである。

パラレルシフト

マンデラエフェクトがすぐ隣り合わせの並行世界への行き来だとすれば、パラレルシフトはもっとダイナミックな移動の仕方ということになる。

梯子氏の場合は、自分の妹が姉になった並行世界に移動している。妹の世界線と姉の世界線は、明らかに違いがある。妹が姉になっていた（あるいはその逆）という事実は、驚き以外の何物でもない。マンデラエフェクトのように無自覚というわけにもいかないだろう。本線である現実世界とは、ずいぶん離れたところにある並行世界からの移動である。このように世界線の明らかな違いがわかる移動を、ここでは「パラレルシフト」と呼ぶことにする。

パラレルシフトは、肉体ごとの移動だとイメージしている人がいるが、そうではない。どこの並行世界にも、その人自身の肉体はあり、活動している。移動するのは肉体ではなく、その人の「主観」である。認識論的に言えば、「『世界』はその世界を見ている者がいるから存在している」となる。

つまりパラレルシフトとは、私たちが現実世界だと認識している世界線（本線）とは違う世界線（可能性の世界）へ、何かの拍子に移動することである。そして移動した人にとって、その移動先の世界が現実世界となり、元いた世界は可能性の世界になる。

梯子氏の体験はまさにパラレルシフトであるが、彼の場合はもう一つの要素が加わる。それは時間軸の移動である(彼は未来の自分にシフトしている)。そういう意味ではパラレルシフトというよりもタイムリープに近いだろう。

ここで、天日矛チャンネルでも取り上げたパラレルシフトの事例をさらに二つ紹介しよう。

世界線を越えた不思議体験談①

ゆきさん夫婦の体験

一つ目は、ゆきさんという女性の体験である。ゆきさんは、天日矛チャンネルの「あなたの望む世界を選択する方法」という動画を見て、私の所へ連絡いただいた方である。

彼女のパラレルシフトの特徴は、ある日、目が覚めたら突然に、しかもご主人と一緒に世界線を越えて来た点にある。

彼女は、元いた世界線との間に実に多くの違和感を覚えた。漢字のつくりだったり、心臓の位置だったり、歴史的事実だったり、地名だったり……。

ゆきさんは、文章を書く仕事（清書）を生業《なりわい》としているため、漢字の間違いには人一倍敏感である。そんな彼女から見て、明らかに漢字の表記が以前と違っている。また、以前の世界線では、福井県舞鶴市だったのが、こちらの世界線では京都府舞鶴市になっているという（ゆきさん夫婦は転勤族で、以前近県の富山県に住んでいたそうで、間違いようがない）。

他にも多くの違和感があるのだが、どうやらご主人も一緒に経験していることがわかった。

しかし、同じ体験をしていながら、いわゆる「常識人」であるご主人は、ゆきさんとは違う受け取り方をしていた。違和感を「気のせいや勘違い」として受け流していたのだった。

ひょっとすると私たちの多くは、現実世界に近いところの世界線にパラレルシフトしていながら、「常識人」であるゆきさんのご主人のように、違和感を記憶違いだとして、日常の生活を過ごしているのかもしれない。

ゆきさんは、なぜ世界線を越えて来られたのか？

天日矛チャンネルで取り上げた動画では、ゆきさんがパラレルシフトするにあたって実践したことのうち一部を非公開にした。ここでそれを公開する。

実践の一つ目は、「あなたの望む世界を選択する方法」の動画の中でも述べているように、時間は「今という瞬間・瞬間」の連続でしかなく、そこに意識を集中して、望む世界線へ跳べるようにイメージするということである。そして二つ目は、カタカムナの5・6・7・8首を毎晩唱えるというものだ（動画では5・6・7首としていたが、実は8首も加える。この点が非公開部分である）。

なぜカタカムナがパラレルシフトに有効なのかは、謎である。そもそもカタカムナを唱えたこととパラレルシフトの因果関係も定かではない。私たちが目にしている現実世界が唯一絶対的なものではなく、私たちの「主観」によるものだとしたら、カタカムナは私たちの「主観」と世界線のつながりの架け橋になっているのかもしれない。

世界線を越えた不思議体験談②
異次元コンタクティ・シャランさんの体験

次に紹介するのは、YouTuberとして、また作家として、幅広く活動されているシャランさんである。シャランさんは不思議体験の宝庫のような人で、まさしく異次元コンタクティと呼ぶに相応しい。その中でも、第三者の証人がいる体験談を天日矛チャンネルで紹介しているのだが、ここでもう一度振り返ってみよう。

これは、Aさんとシャランさん、そしてBさんの三人での体験である。

その日は、新年会の会場の下見をしようということになり、三人で年末の大阪の街を歩いていたそうだ。だいたいこういうときは、機転が利くAさんがスマホのナビを見ながら道案内係をするのだが、この日もAさんを先頭にあらかじめネットで目をつけていた場所に向かった。

「あれ？　なんか変ね。ここで合ってるのかな？」

ネット情報でよくありがちなケースだが、ネットに上がっていたお店の画像と実際に目にする古ぼけたお店が違いすぎていた。お店は閉まっていて、開店の時間まで1時間以上かかりそうだった。

「ここで合っているかどうか、聞いてきますね」

Aさんはそう言うと、店の隣にあった、やっと人が一人通れるほどの細い階段を2階へと上がっていった。

Aさんに続いてシャランさんとBさんも階段を上がり、そこにいた人に聞いたところ、どうやら住所はその店で合っているようだ。

もう一度お店の前に行くと、ショーウィンドウにお店の名刺らしきものが置いてあった。

「ここに連絡先の電話番号が書いてありますから、写真を撮っておきますね」

Aさんはそう言うとスマホを取り出し、お店の名刺を撮った。

店が開くまでにはまだ時間があるので、この日はいったん引き上げることにした。

と、ここまでは特段おかしなことはなさそうだが、実はこのとき、本当におかしなことが起きていたのだった。異変に気づいたのは、数日後、シャランさんとAさんが会って話をしたときだった。

「Aさん、この前撮った画像見せてくれる?」

「えっ? 画像って、何のことですか?」

「だから、あの日大阪のお店に行って、その前でお店の連絡先の名刺を撮っていたじゃない」

Aさんに何月何日のことだと伝えると、

「えっ、私……？　大阪のお店になんて行ってませんけど。その日私、神戸であったイベントに行ってましたよ。ほら、これがその時に撮った画像です」

Aさんはそう言うとスマホを取り出し、神戸でのイベントの画像をいくつもシャランさんに見せた。

つまりはAさんが経験したその日の現実とシャランさんが経験したその日の現実が違っていたということになる。

Aさんのその日の出来事が現実であるということの証明は、神戸でのイベントの画像が物語っている。一方、シャランさんのその日の出来事が現実であるという証明は、一緒にいたBさんの存在だ。実際にその日の三人の行動をBさんに確認してみたところ、細かいところまで全てシャランさんとBさんの記憶は一致しており、Bさんにとっては三人で大阪に行ったというのがその日の出来事の現実だった。

シャランさんとBさん、それぞれがその日の記憶をよくよく辿っていくと、Aさんと三人になっているのは大阪梅田駅近郊の駅を下車して街を歩き出してからだった。それまでの電車に乗っている記憶では、Aさんはいなくて、二人だけだった。そして、帰りも駅に向かうまでは三人で、いつの間にかシャランさんとBさんの二人だけで電車に乗っていたとのこと。

つまり、いつの間にかAさんが現れて、いつの間にかいなくなっていることになる。しかもこの違和感に、シャランさんもBさんも、記憶を辿るまでは、何の疑問も感じていなかったそうである。

状況からすると、まずシャランさんとBさんが、Aさんと大阪で過ごしたその日の体験は紛れもなく現実である。お店の隣の細い階段を上ったところでは、大学生風の若者がサークル活動をやっていたそうで、Aさんが部屋の扉を開けて学生と会話をしている。もしその学生と連絡が取れたとしたら、その日Aさんと会った出来事を証言してくれるだろう。

Aさんは、シャランさんとBさんの記憶の中だけにいたのではなく、紛れもなく現実世界に存在していた。

一方でAさんが「その日私は神戸のイベントに参加していた」というのが紛れもない現実であるのは、その時に撮った沢山の画像が証明している。それが事実であるとすれば、「二つの現実世界の間をパラレルシフトした」ことになる。Aさんが大阪にいる現実と神戸にいる現実。この二つの現実が同時に存在している。

話の連続性からみて、Aさんが神戸にいた現実が、並行世界のこちら側の世界線だろう。シャランさんとBさんが梅田駅の近郊の駅で電車を降りて歩き出したタイミングで、いつのまにか別の世界線へ移動してAさんと合流、そして帰りの電車の駅に向かう頃からこちら側の世界線に戻ったということになる。

ゆきさんがご主人とした体験もそうだが、この話は、シャランさんだけではない、AさんとBさん三人に起こった出来事であるということに意義がある。単なる夢や妄想ではない、客観的な事実として、普通にはあり得ない経験をしているのだ。

この「現実のズレ」はどこから来るのだろうか？

さらに興味深いのは、シャランさんもBさんも、当日の記憶を辿るまでは、違和感に全く気づかなかったという点である。あたかもこちらの世界線のパーツと別の世界線のパーツがピタリと組み合わさったかのように、自然な流れが出来ている。

ひょっとすると気づかないだけで、時として私たちは、これと似たような体験をしているのかもしれない。

現実世界のイレギュラー

梯子氏やゆきさんやシャランさんの体験談からわかることは、私たちが「ただ一つの現実世界」と思い込んでいる世界は、無数にある可能性の並行世界の中から選択された一つだということである。

例え話をしよう。

米を炊く釜の中に米と水を入れて、手でかき回しながら米を研《と》いでいるとする。水の中の米粒たちは、釜の外の世界を知らない。ぐるぐると手でかき回すうちに、何かの拍子に、数粒の米が釜の外にはじき出されてしまう。中には、はじき出されたままの米粒もあるが、かき回している人の目に留まり、釜の中にもう一度つまみ入れられる米粒もある。

外の世界を見てきた米粒は、仲間にこう言う。

「実はね、この釜の外に別の世界があるんだ」

これに対して釜の中の世界しか知らない仲間の米粒たちは、口々にこう言う。

「何を馬鹿なことを言ってるんだ！　この釜の中が世界の全てだ。他にはあり得ない」

私たちが当たり前のように過ごしている現実世界は、実はこの釜の中のように閉ざされた世界の一つに過ぎないのかもしれない。であるならば、閉じた世界の外を知るには、たまたまイレギュラーなこととして外の世界を見てきた体験を手がかりにするしかない。

大きく世界線を跳び越えるようなパラレルシフトは、現実世界に生きる私たちにとってイレギュラーそのものである。

では私たちは、「世界のあり方」にどのように関わっていけば良いのだろうか。

それは、「この現実世界は唯一不変のものではない」という認識をすることなのだと思う。現実世界の隣には、グラデーションを描くように近いところから遠いところまで無数に可能性の並行世界が広がっている。現実の世界線から可能性の世界線へ移動することは、新たな現実世界を選択することになる。

現実世界は絶対ではない……そういう世界観を持つことが大事なのではないかと私は思う。

地球規模の意識の拡大

バシャールによれば、今現在、私たちには、「意識の拡大」が起きており、マンデラエフェクトは、「意識の拡大」によって生じる現象なのだという。

認識論的には、私たちが認識することによって世界は成り立っている。だとしたら、その認識の領域が、現実世界の領域を決めることになる。例えば私たち人間よりも、より本能的に生きている動物にとって、現実世界とは生きることである。これに対して、叡智を持つ人間は、現実世界の領域がより広く、より複雑である。

バシャールが言うように、今現在、「意識の拡大」が起きているのだとしたら、私たちの現実世界の領域も広がっているのだろう。その広がりが、すぐ隣の並行世界に及び、マンデラエフェクトを起こしている。すなわち、可能性の世界を垣間見ている。「意識の拡大」に敏感な人ほど、現実世界に違和感を覚えているのだろう。

この「意識の拡大」は、スピリチュアル界隈ではアセンション（次元上昇）という言い方をしている。三次元物質世界から五次元へと次元上昇しているというわけだ（スピリチュアルで言う「次元」と物理学で言う「次元」は解釈が異なる）。

「意識の拡大」がなぜ起こるのか。一説には太陽フレアの影響だとも言われている。あるいは、ＡＩをはじめとする科学技術の急激な発達も影響しているだろう。資本主義の行き詰まりによる社会的価値観の変化もあるだろう。温暖化などの地球環境の変化もその一因かもしれない。さまざまな外的要因が重なって、私たちの社会全体に急激な変化が起こり、その一つの方向性として「意識の拡大」へとつながったと考えられる。

梯子氏やゆきさんやシャランさんは、個人単位でパラレルシフトしている。このパラレルシフトが地球規模で起きるのがアセンションということになる。地球全体が本来向かうべき現実世界の世界線とは異なる、可能性の世界線へと向かう。もっと正確に言えば、可能性の世界線へと向かわざるを得ないような急激な変化が起こっている。

おそらく地球規模のパラレルシフトとなると、何段もまたいで異なる並行世界へシフトすることにはならないだろう。直ぐ近くの並行世界へと段階を踏んで少しずつ移っていくものと思われる。少しずつの変化だとすれば、それと気づかない人の方が多いだろう。

おそらく多くの人は、変化の波が来たとしても、目先の日常のルーティンを淡々とこなすか、変化の波にあたふたするかのどちらかだろう。

大事なことは、地球規模の変化の波が来ているのだという自覚を持ちつつ、アセンションする世界線へ行けるようにイメージすることだと思う。

地球の選択と個人の選択

地球全体にしても個人にしても、望ましい世界線へ行けることが確定しているわけではない。なぜなら、未来の現実世界は、無限に拡がっている並行世界(可能性の世界)から選択した結果だからである。

そしてここが重要なところなのだが、地球全体がアセンションできたからといって、必ず全員がアセンション後の地球に行けるというわけではない。理由は至ってシンプルで、アセンションできた地球と、できなかった地球とでは、あまりにも波長(波動)が違いすぎるからである。もし地球がアセンションできたとしたら、それが地球にとっての本線(現実世界)となる。そこに波長(波動)を合わせきれない人がいたとしたら、かなしいかなその人は可能性の世界に取り残されることになるだろう(ただし、アセンションできなかった可能性の世界が、その人にとっての現実世界ではある)。地球全体がアセンションした並行世界が隣にあるとは思いもせずに、悶々とした日常の生活を送ることになるのだろう。そしてある時ふと、こう思うのかもしれない。

「あれ?　なんかヘンだな……もっと違う世界があるような気がする……」

新時代へのパラダイムシフト（価値観の転換）

さてここまで本書を通して、従来の「時間に関する常識」を見直すことを検証してきた。「時間は、過去・現在・未来と直線的に流れているのではない」という仮説の下、タイムワープや未来からの訪問者の可能性を示唆してきた。

そこから導き出される結論は、「私たちが現実世界であると信じている世界は、無限に拡がる並行世界のうちの一つに過ぎない」という新しい観念だった。

もし地球が今、転換点に来ていて、新たな可能性の世界を選択する局面にいるとしたなら、この新しい観念こそが必要とされるのかもしれない。これから新時代へ向けてのパラダイムシフト（価値観の転換）が求められるのであろう。

未来人プレシイをはじめとする未来からの訪問者は、なぜ今の時代にアクセスしてきているのか……。

それは輝ける地球の未来を現実世界（本線）の流れとすることを望んでいるからに他ならない。

本書が少しでもその気づきになれば幸いである。（完）

おわりに

読者の皆さん、ここまで読んで頂いてありがとうございました。

私のYouTube天日矛チャンネルは、ただのエンタメに留まることなく、何らかのメッセージをお届けすることをモットーとしています。今回の書籍についてもしかりで、「従来の時間の概念を見直す」ということをテーマに書き進めました。

そして気がついてみると、4年半にわたって活動してきたYouTubeの集大成のような内容になったように思います。

本という形にすることによって、動画とはまたひと味違った創作活動の領域が広がり、私自身とてもワクワクしています。この本を読まれた方にとって、人生を豊かにする糧《かて》となればこれほど有り難いことはありません。

これからも稚拙ながら啓蒙インフルエンサーとして、「真理の探究」に取り組んで参りたいと思っております。

最後に、出版にあたって、東京ニュース通信社の黒岩久美子さん、ライターの菅野徹さん、いつも活動を支えてもらっている家族、そしていつも応援してくださる皆さんには感謝申し上げます。ありがとうございます。

天日矛

TIME WARP

未来《みらい》からの訪問者《ほうもんしゃ》

なぜ未来人《みらいじん》はメッセージを伝《つた》えに来《く》るのか

2024年 3月 29日　第1刷

著　者　天日矛

編　集　黒岩 久美子

制作協力　菅野 徹

発 行 者　菊地 克英

発　行　株式会社 東京ニュース通信社
〒104-6224　東京都中央区晴海1-8-12
電話 03-6367-8023

発　売　株式会社 講談社
〒112-8001　東京都文京区音羽2-12-21
電話 03-5395-3606

装　丁　西尾 浩　村田 江美

印刷・製本　株式会社シナノ

ISBN978-4-06-535277-9